キャンプで子育て

GUIDE for FAMILY CAMP

はじめに

川の水は夏でも冷たくて、
長く入っていると足がキーンとなること。
食べ物を外に置きっ放しにしておくと
森の生き物が食べちゃうこと。
木々の間から吹く風が涼しいこと。
外で食べるごはんは、
なぜだかとびきりおいしいこと。
パリパリの枯れ木を焚火にくべると
真っ赤な炎がボオッと立ち上がること。
太陽が沈むと世界は真っ暗になること。
そして空には星が無数に瞬くこと。

キャンプに出かけると、
子どもの眼がキラキラと輝くのは、
そんな新発見が無数にあるから。
都会で働くパパ＆ママにとっても、
キャンプは特別な時間。
普段ならまだオフィスにいる夕方から、
ごはんを食べてお酒を飲んで、
焚火を眺めながらまたお酒を飲んで、
日付が変わる前に眠りにつき、
太陽とともに目覚める…。
自然の中で過ごす一日は、
普段と何もかもが違って
心から解放されていることに
気づくはずです。

これまでアウトドアに縁がなかった
パパやママも、
家族でキャンプ、と聞けば
「なんとなく楽しそう」、
「子どもの発育には良さそう」…など、
ぼんやりと好印象は抱いているはず。
けれども「ぼんやりと」では、
重い腰はなかなか上がりません。
この本は、そんなビギナーパパ&ママに
キャンプの素晴らしさについて
はっきりと、強く、そして早く！
気づいてほしくて、作りました。
だって、子どもって、
すぐに大きくなってしまうから。

家族全員で出かけられる時間なんて
そんなに長くはありません。
予想以上のスピードで
子どもは親から離れていくのです。
けれど、キャンプで
朝から晩まで一緒に過ごし、
寝食をともにする。
そんな濃密な家族時間は、
かけがえのない家族の宝物に。
やがて子どもが大きくなっても、
家族で出かけることのできる
大切なイベントになるでしょう。
さあ、ページをめくりましょう！
キャンプの世界へ、ようこそ。

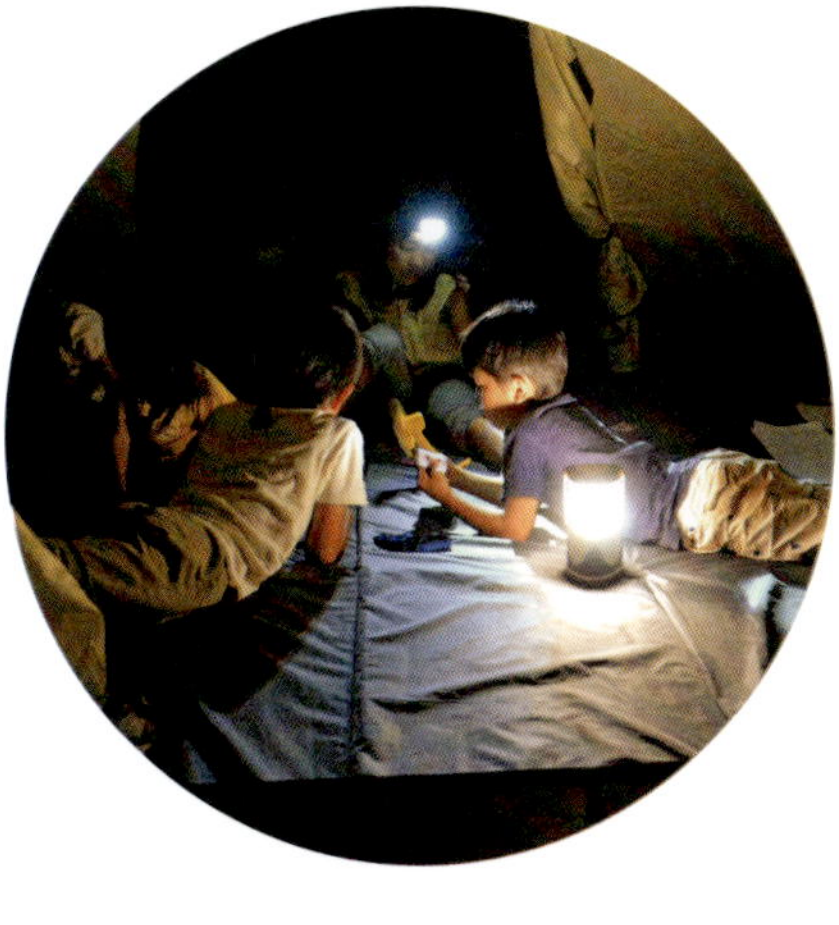

CONTENTS

002 はじめに

009 初心者パパ&ママの
不安にお答え!
Q&A

028 Interview
平原綾香さん
(シンガー)

032 雲ずかん

034 子どもにとっての
アウトドア

036 裸足のぼうけん
044 いっしょに、はたらく
052 魚をとる、食べる
060 焚火って明るいね
068 夜のたんけん

076 Interview
谷尻 誠さん
(建築家)

080 星ずかん

082 外でつくる
ごはんは最高!

094 TIME TO EAT!
食事の時間だよ!

102 Interview
楢﨑正剛さん
(名古屋グランパス)

106 樹ずかん

108 PHOTOSTORY
ぼくたちの大冒険!

126 Interview
齊藤太一さん
(アーバンガーデナー)

130 CAMP ITEM CATALOGUE 12
子育て家庭に揃えておきたい
キャンプアイテム12

146 Interview
AYUMIさん
(モデル)

150 遊びずかん

154 ビギナー家族におすすめ
キャンプデビューはココで!

164 理想のWORK STYLEがここに
スノーピークの本社を
訪ねました!

170 Interview
山井 太
(株式会社スノーピーク 代表取締役社長)

この本で紹介している商品の価格や仕様は、
2016年8月25日現在のものです。
予告なく変更になる場合があります。
スノーピークの製品・キャンプ場の料金は
すべて税抜き表示です。

はじめよう！

初心者パパ&ママの不安にお答え！

Q&A

最初の一歩が踏み出せない
アウトドア初心者のパパ&ママ。
道具は？ 虫は？ トイレは？
まずは、そんな不安を一気に解消！

Q 子どもはテントで寝られるかな？

A

心配しなくても、昼間思い切り走り回って遊ぶから、夜はテントでバタンキュー。赤ちゃんの夜泣きも、川や風の音にまぎれて、案外気になりません。

Q 食材の準備はどうすれば？

A

事前にキャンプ場の最寄りのスーパーを調べておいて、道中に調達するのが楽。食材セットを販売しているキャンプ場もあります。

Q 小さな子どもを連れて行ける？

A

実際にキャンプ場に出かけてみれば、小さな子どもがたくさんいることにきっと驚くはず。0歳でキャンプデビュー、なんて話も珍しくありません。幼児向けの遊具やイベントが充実しているキャンプ場もたくさん。ケガをしないようにだけ注意しておけば大丈夫！

Q

虫が苦手なんですが…。

A

標高の高いところなら、虫は若干少ないです。水辺や林間は避け、なるべく開けたサイトを選んで。虫よけスプレーも忘れずに。

Q キャンプ場ではスッピン？

A

〝高規格キャンプ場〟と称されるキャンプサイトでは、清潔な洗面所やコインシャワーを完備。洗顔もメイクも可能です。キャンプ中でもキレイなママをキープできるはず。ノーメイクでも、日焼け止めは忘れずに！

Q 車がないけどキャンプできる?

A

数は少ないけれど、電車の駅から徒歩圏内にあるキャンプ場もあります。レンタルグッズを利用すれば、重い荷物も不要。運転免許があるならレンタカーもおすすめ。小さな車種なら1泊1万2000円程度から。

Q トイレはキレイ? お風呂は?

A

洋式トイレはもちろん、温水洗浄便座付きトイレのあるキャンプ場も増えています。敷地内に温泉があるキャンプ場も。初めてなら、まずは冷暖房、バス・トイレ完備のコテージに泊まるのも手。

Q 何を食べればいいの?

A

外で食べると何でもおいしいから難しく考える必要はなし! 肉や野菜を網にのせて焼くだけのBBQなら簡単です。手作りピザや、野外ならではのダッチオーブン料理にも、ぜひいつか挑戦を。

must item 1

寝るところ

▶テント　P.016
▶寝袋　P.017

must item 2

食べるところ

▶火元　P.018
▶食器　P.019

Q 何から揃える?

A 最初に揃えたいのは…

アウトドア初心者なら、専門店の品数の多さにめまいを起こしてしまうかも!? ここは心を落ち着けて、まずはシンプルに、寝る・食べる・くつろぐ、の3つのことだけを考えましょう。少しずつ道具を揃えていくのも、キャンプの楽しみのひとつなのです。

must item 3

くつろぐところ

▶タープ　P.020
▶テーブル＆チェア　P.021

テント

TENT

キャンプといえば、やっぱりテントが一番のマストアイテム。思い切って購入することで、キャンプ熱もおのずと高まります。子どもが小さなうちはエントリーモデルがおすすめ。価格もお手頃です。

CHECK POINT

アウトドア初心者でも扱いやすい

小さく収納できる

しっかりと丈夫なつくり

アウトドア初心者から上級者まで。
熱い支持を集める人気アイテム。

アメニティドーム

キャンプ場でこのタイプのテントを見ない日はない、と言い切れるほど高い普及率を誇る。人気の秘密は、スノーピーク・クオリティを保ちながらも、初心者に優しい工夫に満ちていること。本当に、簡単に立てられます！

寝袋

SLEEPING BAG

レンタルもできますが、寝具はぜひファミリー専用のものを揃えましょう。小学校に入ってからの林間学校や、友だちがお泊まりするときなど、活躍の場は意外にたくさん。災害時にもおおいに役立ってくれます。

キャンプでお布団!?
画期的なファミリー向け寝袋。

スリーピングバッグオフトン

小さな子どもとママが同じ寝袋にギュッと入るのも楽しいもの。だけど正直、ちょっと窮屈です。こちらの寝袋は掛け布団と敷き布団が別々に分かれるタイプ。まるでいつもおうちで寝ているように、親子で一緒に、ぐっすりと眠れます。

CHECK POINT

夏は通気性がよく、冬はしっかりとあたたかい

小さく収納できる

お手入れが楽で高機能な素材使い

火元

FIRE

BBQや野外料理はキャンプ最大のお楽しみ。火元には、グリルや焚火台、ガスコンロなど様々な種類が。まずはひとつチョイスして、あとはキャンプ場で周囲をいろいろと観察して次を決めるのも良いかも。

キャンプの醍醐味・焚火を存分に楽しめます。

焚火台

網を置けば、BBQを楽しめ、キャンプならではのダッチオーブン料理も。キッチンの火元としておおいに活躍してくれる焚火台。食後は薪を足して、焚火の時間に。火が大きく育つのを眺めるひとときは、至極のリラックスタイムです。

CHECK POINT

グリル、ガスコンロ、焚火台。選ぶ種類を決める

小さく収納できる

手入れが簡単で、何度も使える頑丈なつくり

食器

TABLEWARE

特に女性が夢中になってしまうのが、食器選び。見た目の可愛さで選んでしまいがちですが、ここは機能を重視して。長く使える品質の高さも重要！ クールで賢いアイテムを選びましょう。

CHECK POINT

かさばらず、コンパクトに収納できる

軽い

割れにくく、傷がつきにくい

薄くて軽い、ステンレス製。
大小4種をオールインワンに。

テーブルウェアセット

シンプルながら美しい曲線を描くプレートたちが、スタッキングされてひとつにまとまる姿が愛らしい。自宅のキッチンでも調理中の食材を入れる器として活躍。1人用、2人用、4人用のセットが。

長く清潔に使えるオールステンレス。
丁寧な仕上げを口当たりで実感して。

オールステンシリーズ

刺したものが抜けにくい工夫を施したフォークや、通常は包丁に施す焼き入れ工程を加えたディナーナイフなど、こだわりがすごすぎるシリーズ。使うのはキャンプの時だけ、なんてもったいないかも。

キャンプ場以外でも使いたい。
シンプルシックなマグカップ。

チタンシングルマグ

素材に、軽くて薄いチタンを採用。熱伝導率が低く、丁寧にカールされた口元がとびきり優しい飲み口のカップです。ハンドルは折り畳むことができて収納もコンパクトに。サイズは4種類。

タープ

TARP

くつろぐところってそんなに重要？……なんていうのは初心者ならではのご意見。くつろげる環境づくりこそがもっとも大切！ 強い日差しや雨風をしのいでくれるタープは、いわばリビングの要なのです。

キャンプ場でひときわ目立つ
美しいシルエット。

HDタープヘキサシリーズ

2本のポールとロープだけで立っているとは思えない、特徴的な曲線を持つ美しい立ち姿は、キャンプ場のヒロイン。シールド加工で強い日差しもしっかりブロック、雨や風からくつろぎのリビング空間を守ってくれます。

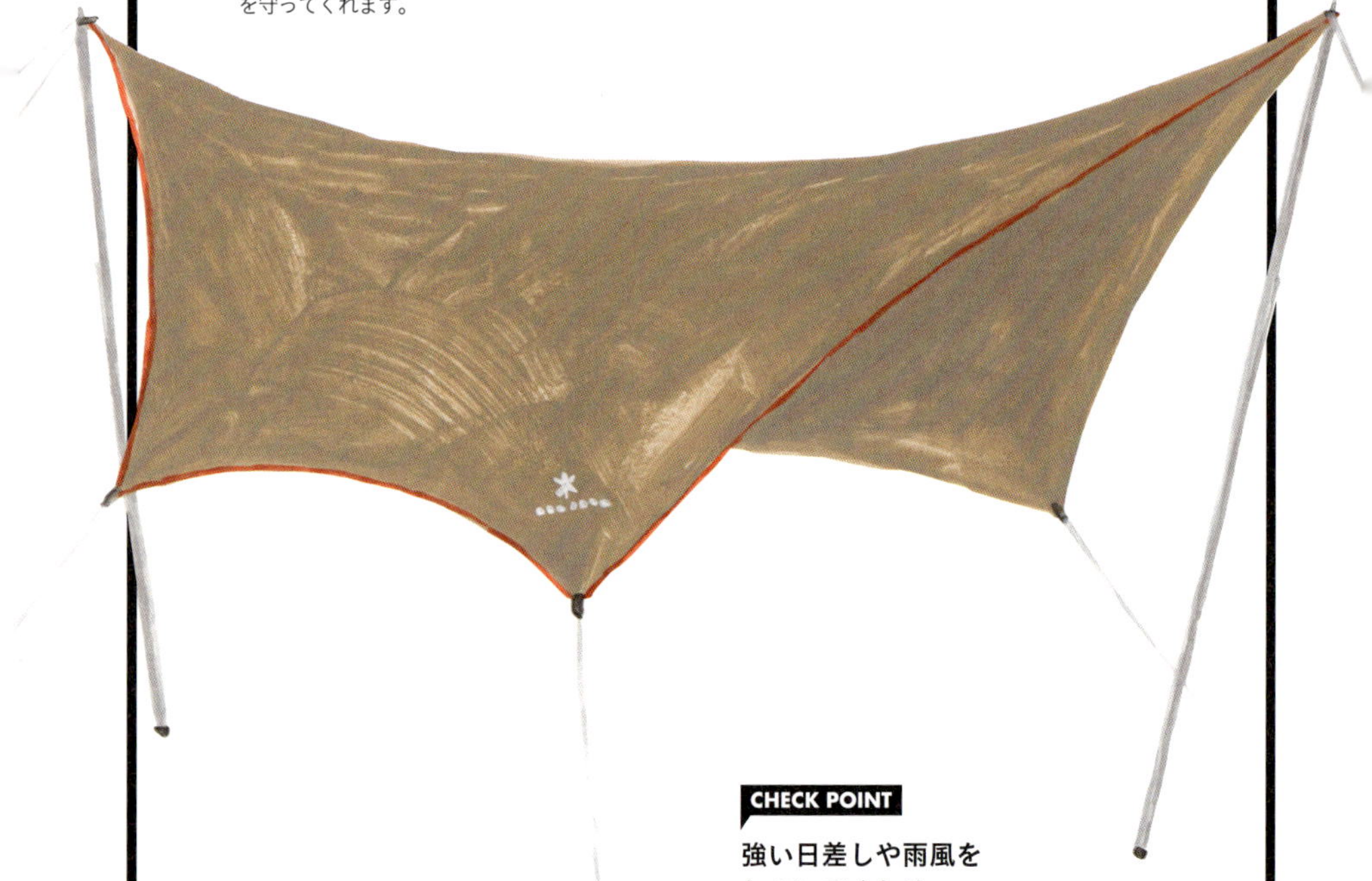

CHECK POINT

強い日差しや雨風を
しのいでくれる

強風にも倒れにくい設計

シルエットが美しく
キャンプ場で映える

テーブル&チェア

TABLE & CHAIR

もうひとつ忘れてはいけないのが、座り心地の良い椅子と使いやすいテーブル。特に椅子は、少々値が張っても良いものを選びたい。くつろぎ感がまるで違います。自宅でも使えるクオリティのものを、ぜひ。

ゆったりとした座面でリラックス。
キッズ用もありますよ。

FDチェアワイド

ワイドな座面に腰を下ろし、両腕はアームレストに、そして少し後ろにかたむいた背もたれに体を丸ごとあずけると、ふ〜っと声が出るほどの心地よさ。キッズ用の座面の高いタイプも。いずれもワンアクションテーブルにぴったり。

CHECK POINT

少々高価でも、高品質・良デザイン

コンパクトに収納できる

椅子とテーブルのサイズの相性がよいもの

セッティング時から歓声が。
繊細なのにたくましい美テーブル。

ワンアクションテーブル

天板を開くと、内側から脚がすーっと現れる、画期的な構造を持つテーブル。セッティング時からそのたたずまいの美しさにうっとり。華奢に見えてしっかりとした安定感も頼もしい。ロングタイプやローテーブルなど、様々な種類が。

LESSON 1

テントを立てる！

布が2枚と、畳まれたフレームがいろいろ。これがテントに変身！

教えてくれた人

スノーピーク
昭島アウトドアヴィレッジ店
永松悠佑さん

レストラン「Snow Peak Eat」も併設する昭島店の店長。共有スペースの芝生で、テントの立て方講習なども実施。

初挑戦しました！

中村さんファミリー

スポーツマンの崇亮さんと、長野生まれで自然大好きなルミさん。祐翔くん（3歳）と健人くん（1歳）と一緒に挑戦！

STEP 1

セットを確認する

今回はエントリーモデルとして人気のアメニティドーム Mを使ってチャレンジ！ まずは収納袋を開けて、中身を確認。テントとフライシート、ケースに入ったフレームとペグ、ロープなどを取り出します。

さあ、始めるよ！

Q

キャンプ経験ゼロのパパ＆ママでも子連れキャンプできますか？

A

テントと火をマスターすれば、大丈夫！

キャンプは、言わば屋外でのお泊まり。寝るところとごはんのふたつをクリアできれば、そんなに難しく考える必要はありません。まずはテントの立て方と火の扱いのコツを、キャンプ初心者のファミリーと一緒にマスターしましょう！

STEP 2 インナーテントを広げる

インナーテントを四角く広げて地面に配置。「くぼみや、傾斜のないところに。テントに風が吹き込まないよう、入り口を風下にします。あとから向きは変えられるので、ここは大ざっぱで大丈夫です」（永松さん）

2枚の布を縫い合わせたようなかたち。四隅を持って広げます。

テープがあるほうが前ですよ〜

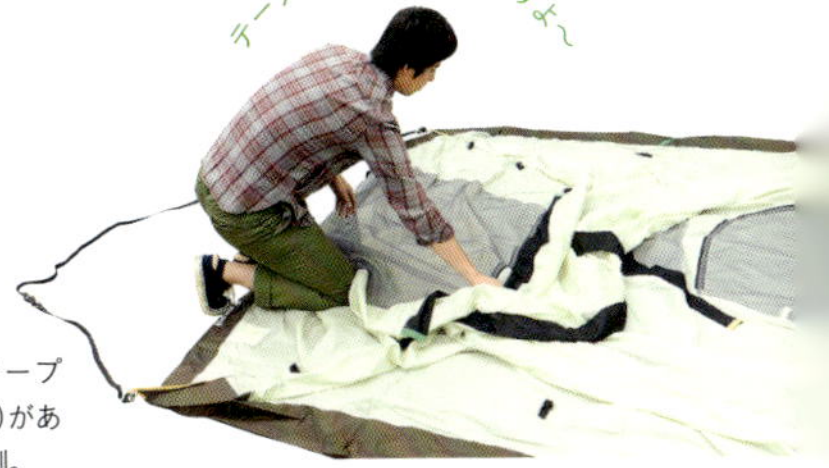

ビルディングテープ（黒いストラップ）があるほうが入り口側。

STEP 3 フレームを入れていく

色分けに従って、2本のメインフレームをスリーブ（フレームを通す筒状の布）へ。続いてテントの四隅にあるピンをフレームの端に差し込むと、あっという間にテントの形に！

中にコードが通っているフレームをつなげながら、スリーブに入れていきます。

できるかな!?

フレームを同じ色のスリーブに通すだけ！

アメニティドームは、フレームの端とスリーブが色分けされたわかりやすい仕様。同じ色同士を選んで通すだけなので、ビギナーパパ＆ママでも安心です。

テントが立ったよ！

少し力が要るのが最後の1か所。フレームを立ち上げ差し込みます。

留め具をフレームにはめるだけ。キッズもお手伝いできます。

STEP 4

フレームとテントを固定する

入り口の上にサイドフレームを通して両端をテントの横にまわし、裾についているピンを差し込んで固定。さらにテント本体についている留め具をフレームにパチリとはめて、テントを固定します。

STEP 5

フライシートをかぶせて、フレームを入れる

インナーテントに、防水のためのフライシートをオン。「ベンチレーションという、通気のための小窓が入り口と反対側に来るように」。あとはフライシートにもフレームを入れ、玄関である「前室」を作れば本体はできあがり！

シートの縫い目をフレームと合わせると正しい位置にくるデザイン。

できるかな!?

STEP 6

ペグを打つ

あとはインナーテントの裾のロープや、フライシートのロープを引っ張ってペグで止め、地面に打ち込むだけ。「生地がピンと張ってあると風に強くなり、フレームも傷みません。雨もはじきやすくなるので、ぜひ忘れずに」

ペグは外側に向かって、地面から45度くらいまで傾けて打ち込む。

キャンプ道具に触れるのは2人とも学生時代の林間学校以来、という中村さん夫妻。テント初設営に挑戦です。フレームをスリーブに通して中身を立ち上げ、シートをかけて、ペグダウン…。難しそう、という第一印象とは反対に、なんと30分ちょっとで完成！「色分けされていてわかりやすかったです。シートをかけるのもラクだし、これならひとりでもできそう！」(崇亮さん)

簡単にできちゃった

LESSON 2
火をつける

ガスカートリッジにつなげば
高火力の調理台のできあがり。
ビギナーがまず覚えたい操作。

バーナー

火力調整つまみが閉まっていることを確認してホースを接続。

元栓を開きながらつまみをゆっくりと回して着火。

着火後5秒ほど待って、プレートの端にガスカートリッジをセット。

まずはルミさんがバーナーの扱いを教わります。卓上用の「ギガパワープレートバーナー」と「ギガパワーガス500イソ」で、いざトライ！

「シンプルで機能的。この形がいかにもキャンプという感じですね！　ワクワクします」

最初に、本体のホースをガスカートリッジに装着。止まるまでしっかり差し込みます。続いてガスの元栓を開きながらつまみをゆっくりと回して着火。

「同時に少しずつ、がコツですね。あっ、ついた！」

火がついて数秒したら、ガスカートリッジを逆さまにしてプレート横に装着すれば完了。

「これなら私でも扱えます。火力も強くて、頼もしい感じ」

炭

調理の幅がぐっと広がる炭火は、
誰でも使える専用アイテムでの
クイック火おこしがおすすめ。

チャコールスターター「火起師」を使う。

「火起師」の上部から炭投入。タテに入れるのがコツ。

下の開口部に、丸めた新聞紙を入れて着火！

ギガパワー2WAYトーチを使う！

トーチの炎を炭ひとつひとつにあてて着火。

続いて、慣れていないと難しい炭の火おこしに、崇亮さんが挑戦。「専用のアイテムを使うと確実に、効率的におこせます」との永松さんのアドバイスで、炭火おこし器「火起師」を使うことに。下にふんわりと丸めた新聞紙を入れて着火すると、もくもくと発煙。しばらくして覗いたところ、真っ赤な炭火が！

「簡単ですね！ BBQもいいし、憧れのダッチオーブン料理にも挑戦したいなぁ」

炭火で焼き色をつけるマシュマロは、子どもたちにも大人気。

キャンプといえば焚火！
トーチを使った簡単着火で、
家族で火を囲むひとときを。

焚火

細い木を積む。あらかじめ下に松ぼっくりを入れても。

太めの薪を、真ん中を少しずらして交差させて積む。

丸めた新聞紙を下に押し込む。これが着火剤になる。

トーチで火をつけ、薪が重なる部分をさらに熱する。

火のレッスンのおしまいは、焚火のおこし方。「キャンプに行ったら絶対焚火をしたい！」と、ルミさんも崇亮さんも張り切ります。

焚火台の上に細い木、太い薪の順に積み上げ、間に着火剤となる新聞紙を入れたら、あとは炭火と同じようにトーチで着火。2分ほどで火が燃え上がり、子どもたちも大喜び。

「キャンプ気分が盛り上がりますね！ 早く実践したいです」

焚火が完成！ 薪が燃え尽きそうになったら少しずつ足す。

interview

シンガー

平原綾香さん

AYAKA HIRAHARA

1984年東京都生まれ。シンガーソングライター。2003年に『Jupiter』でデビューし、日本レコード大賞新人賞やゴールドディスク大賞特別賞など様々な賞に輝く。近作にアルバム『LOVE』(ユニバーサルミュージック)などがある。2016年9月よりコンサートツアー第二弾アコースティックスタイル 全国18公演のツアー開催。

何事にも動じないたくましさを
キャンプを通して身につけました。

私のキャンプデビューは、まだ3歳の頃でした。富良野からスタートして、キャンピングカーで10日間かけて北海道を回ったんです。富良野の丘一面に咲いたラベンダーを眺めたり、とうもろこしや夕張メロンを頬張ったり、屈斜路湖畔の砂場キャンプ場で温泉を掘ったり。私は幼いながらにキャンプを満喫していたとか…というのは今日インタビューを受ける前に、母に聞いた話（笑）。でも、私もうっすら覚えているんですよ。見たことのない景色にたくさん触れて、一日の大半を外で過ごすという初めての経験をして。きっと猛烈に新鮮なできごとだったから、強く記憶に残っているんでしょうね。

それから大人になるまで、何十回も家族でキャンプに出かけました。月に数回、というハイペースで行っていたことも。何度行っても、キャンプに行くよと聞けばワクワクしていたなぁ。「自然の中に行ける！　のびのび遊べる！」と。家族で一日中一緒に過ごせるだけでも特別だったし、何もかもが楽しかったけど、一番好きだったのはごはんの時間。我が家のキャンプ料理の定番は、チキンのトマト煮込みでした。アスパラガスと、とろりと溶けたチーズが入っていて。これを鍋で炊いたごはんにのせて食べるのがまたおいしいんですよ。時々家でも無性に食べたくなって、母にリクエストして作ってもらっていました。テーブルに置かれるなり、「わぁ、キャンプみたい！」って。私にとってキャンプ＝チキンのトマト煮なんです。今思えば、アウトドアでも手の込んだものを作っていましたね。外で食べるごはんって、なんておいしいんだろうと子どもながらに毎回感動していました。

キャンプといえば、道中もまた楽しくて。父（マルチサックスプレイヤーの平原まことさん）のCDをよく車内でかけていたので、その音楽を聴くとキャンプの記憶がよみがえるんです。音楽をフルボリュームで流したまま途中車を止めて降り、美しい夕焼けを皆で眺めたことは、大人になっても忘れられない思い出です。

　そんなふうにしょっちゅうキャンプに行く家族でしたが、元々両親がアウトドア好きだったわけではないんです。姉と私が生まれてから、「子どもを自然に触れさせたい」という思いがあってキャンプに行くようになったそう。でも小さな子2人を連れてキャンプに出かけるって、なかなか大変なこと。今みたいに簡単に立てられるテントもなかった時代でしたし。私たちのために頑張ってくれていたんだと思います。でも、父も母もアウトドアに慣れていないからこそ、家族みんなで新しいことにチャレンジできることが楽しかった。両親が協力している姿、楽しそうに笑い合っている姿を見ているのも嬉しくて。元々仲の良い家族でしたが、キャンプに行くと、もっと家族が近くなるんです。

　キャンプから得たものは大きく、その経験は私という人間をつくる大きな要素になっています。私、焦ることがあまりないんですよ。ちょっとやそっとのことでは動じない。それもアウトドア経験によるところが大きいのではないかなと。まず、虫が怖くない。正確に言うと大人になった今ではちょっと怖いんですけど(笑)、子どもの頃は虫が怖いという意識が全くありませんでした。食事をしているところに蛾が飛び込んできても、〝追い払う〟ではなく〝早く逃がしてあげる〟ことに一生懸命。「どんな生き物も大切。自分たちと同じ命」ということを言葉で教わることはなくても、キャンプに行く中で両親の背中を見て学びましたから。そして、アウトドアでは予想外のことが起きるのが当たり前。台風がきてテントが飛ばされそうになったり、朝起きてテントを出たら、あたり一面が池になっていたことも！　夜の間に嵐がきたのに、私たち家族は熟睡していて気が付かなかったんです。寝る前はテントがいくつも立っていたのに、みんな避難してひとつも残っていなかった(笑)。そんな大変なことがあった時でも、不思議と

怖いと感じませんでした。家族が一緒だったというのもあるし、「楽しい」がベースにある中でのピンチだったから、恐怖心を持たなかったのかもしれません。子どもの時からピンチを経験してきたことで、「あらゆる窮地は乗り越えられる」という思考になり、動じないたくましさを身につけられたんだと思います。これはもう、一生ものの財産ですね。

また、日々当たり前にあるものの大切さにも気付かされました。いつもは蛇口をひねれば水が出てくるけれど、キャンプではタンクに水を汲んで、そこからちょろちょろ出る水で手を洗わないといけない。夜になったらあたりは真っ暗で、トイレに行くにもひと苦労。そういうことを経験することで、水や電気のありがたさを知るわけです。資源を大切にしましょう、というのは教科書にも書いてあるけれど、不便を実際に体験してみてこそ、本当に大切にしようという気持ちが芽生えるのだと思います。

今はパソコンやスマートフォンが日常にあるのが当たり前の時代。わからないことは何でも検索できちゃうし、いろんなことが疑似体験できる。そして、コミュニケーションも文字のやりとりだけで済む、とても便利な時代です。でも画面の中で完結してしまうのって寂しいし、デジタルツールがないと不安にかられるような、アンバランスな人間になってしまう気がして。美しい景色は、画面で見るのとは比べ物にならないくらい心を震わせてくれるし、雄大な自然は心を穏やかにしてくれます。自然の素晴らしさを知っているか否かで、人生の豊かさは大きく変わってくるのではないでしょうか。

私はまだアナログだった時代も知っている世代。自然の魅力を、デジタル台頭の次世代に伝えていかなければならないと思っています。いつか私も子どもができた時には、自分が親に経験させてもらったようなキャンプを絶対にしたい。あらゆることに動じず、どこでも寝られるような子に育ってくれたら、親も気楽でいられそうですしね(笑)。

監修○今井明子さん
気象予報士集団「サニーエンジェルス」に所属し、ママ向けお天気教室など開催。サイエンスライター。２歳女児のママ。

雲《くも》ずかん

子どもにとって雲はふわふわもこもこ不思議な存在。「怪獣みたい」「お菓子みたい」と形を楽しむことからはじめてみて。少し大きな子には、雲には名前があることや天気の変化がわかることも教えてあげると興味が広がるはず。

すじぐも

空の一番高い場所に筆ですじを描いたような形に浮かぶ。鳥の羽のようにも見えるかも。正式名「巻雲」。

おぼろぐも

太陽や月を覆うように広がる灰色っぽいベール状の雲。雨のサインでたいがい翌日降り出す。正式名「高層雲」。

うろこぐも

高い場所を見上げて小さな雲が集まっていたらこれ。いわしぐもとも呼ばれる秋の雲。正式名「巻積雲」。

あまぐも

おぼろぐもの後に出る厚くて暗い灰色の雲。あまぐもの名前の通り、本格的な雨を降らせる。正式名「乱層雲」。

ひつじぐも

ひつじみたいに白くてもこもこ。うろこぐもより低い場所に出て、雲のかたまりが大きい。正式名「高積雲」。

うねぐも

低い空を灰色がかった大きな雲のかたまりが覆っていたらこれ。“くもりぐも”の別名もある。正式名「層積雲」。

きりぐも

空の一番低い場所に出る。キャンプ場の霧は、この雲のしわざであることが多い。正式名「層雲」。

空に浮かぶ雲は10種類の形に分類でき、出る高さもだいたい決まっている。
雲ずかんではその“十種雲形”をご紹介。キャンプ場に浮かんでいるのはどの雲？

にゅうどうぐも

空高いところまで立体的に盛り上がる迫力ある雲。空が暗くなると天気が荒れるので注意。正式名「積乱雲」。

うすぐも

白っぽいベール状の雲で、太陽や月にかさがかかったように見える。出ると天気は下り坂。正式名「巻層雲」。

わたぐも

天気のいい日に浮かぶ綿菓子のような雲。大きく発達しなければ、雨は降らないことが多い。正式名「積雲」。

- FOR KIDS -

子どもにとってのアウトドア

1

裸足のぼうけん

廣戸聡一さん

スポーツ整体「廣戸道場」主宰

2

いっしょに、はたらく

辰巳 渚さん

「お手伝い塾」「家事塾」主宰

3

魚をとる、食べる

松成容子さん

食育研究会「Mogu Mogu」代表理事

4

焚火って明るいね

船溪俊輔さん

大阪ガス

5

夜のたんけん

中島吾郎さん

「富良野自然塾」インストラクター

1

子どもにとってのアウトドア

スポーツ整体「廣戸道場」主宰
廣戸聡一さんに聞く

裸足のぼうけん

川のあるキャンプ場に出かけたら、
冷たい水に足を浸し、石の上を歩いてみよう。
「どうしたら転ばないかな」
「この石は滑りそうだから避けよう」
スムーズに歩けないから、脳と体がフル回転。
自然に直に触れることで、
感性も研ぎ澄まされていきます。

自然の中で遊ぶと、脳と体がフル回転。だから、運動能力が伸びる。

　自然は子どもにたくさんの刺激を与えてくれます。川で遊べば、水の冷たさ、川面を渡る涼やかな風、ごつごつした石……、たくさんの情報が脳に一気にインプットされる。そういう時の子どもの集中力ってすごいもの。自然の中で遊んでいる時に「もう帰るよ」と子どもに声をかけて「もう?」と返ってくることがよくありますが、それは脳がたくさんのことを吸収し、集中していた証拠。そして遊び終わって夜になったら、子どもは横になるなりあっという間に寝てしまいますよね。それは単純にたくさん体を使ったからというのもあるけれど、脳を目一杯使ったからでもあるんです。

　そのように、脳を働かせながら体を動かすことは、子どもの運動能力を伸ばすのにとても大切なことです。スポーツ教室や体育館で運動をする時よりも、自然の中ではるかに脳への刺激が多い。自然の中に入って、安全を奪われやすい場所で子どもたちを遊ばせると、常に地面に対してベストな体勢になって転ばないようにするわけです。その時に、脳が一生懸命働くんですよ。無意識に、身に危険がないように適合しようとして脳を動かし、体の体勢を適宜変えているんです。それを繰り返すことは、身体能力を鍛えるためのとてもいい訓練になる。
今の子どもたちが日常的に歩くのは、フラットなコンクリートの道ばかり。だからあえて凸凹道を歩く機会を、大人たちがつくってあげたいですね。

自然の中で遊ぶことで
スポーツに必要な想像力を育む。

子どもの運動能力を伸ばしたいと思った時に、「こういうフォームで走りなさい」とか「ボールはこう投げなさい」などと事細かに教えてしまうと、その子の創造性や運動に対する興味がどんどん薄れてしまう。スポーツに大切なのは、自分でイメージした目的に対して、どう動くかをセレクトする力。例えばサッカーなら、セオリー通りに動ける子は、ドリブルはうまくできても試合では弱い。練習というのはある決まったシチュエーションに合わせて動くことしかしないけれど、試合では何が起きるかわからないから。自分が設定した目標を達成するにはどう動いたらいいかイメージする力がないと、勝てないんですよ。

歩きにくい、が楽しい！

その〝イメージする力〟を鍛えてくれるのが、アウトドア。自然の中にいると、予測不可能なことが次々と起きますよね。川の中では思ったように歩けないし、木の根っこは邪魔してくるし、BBQをしようとしても風はお構い無しで吹いてくる。それにどうやって対処するかを考えて、乗り越えるのがアウトドアの面白さ。そして予測不可能なことに対応する力が、スポーツの技術、センスにつながるのです。

遊びの中で無意識に身につけた身体感覚は、一生ものの財産。

都会の道しか歩いてこなかった子が大人になった時、いざ登山をしようと思っても、なかなかうまくいかないもの。コンクリートの道は股関節を曲げて足と手を振り回せば歩けてしまうけど、急な斜面は胴体のフレームの形を変えないとよじ登れない。でも、小さい時に自然の中で遊んでいた人は、それがいとも簡単にできてしまうんですよ。体を状況に対応させる力って、とても感覚的なもの。大人になってから身につけるには相当なトレーニングが必要になるけど、子どものうちにやっておけば、自然に感覚が身について、忘れることもないんです。

また、最近よく「体幹」という言葉を耳にしますが、体幹というのは運動をする時の基本になる部分。手足をのびのび動かすには、体の幹がしっかり安定していなければならない。子どもに体幹を意識させるのは難しいけれど、

川原の石の上を歩けば自然と体幹を使い、鍛えることができます。大人は手脚でバランスをとりながら歩きますが、子どもは体の体幹部でダイレクトにバランスをとりますから。「体幹を使いましょう」なんて子どもに言っても伝わりません。でも自然の中に入ると、おのずと学べてしまうんです。

キャンプで体を動かすことが運動に対する自信になる。

「うちの子運動音痴なんです…」と言うお父さんお母さんがよくいますが、運動音痴といっても、ただ大人が思った通りにその子が動かないだけのことだったりするんですよ。ごちゃごちゃと余計なことを教えすぎて、子どもがどう動いていいのか、わからなくなっているということも。

「野球ではこう動くけど、サッカーではこう動くんだよ」なんて、小さな子どもに教えたって無理。体の動かし方を言葉で説いても、混乱するだけです。子どもの運動能力を引き出すには、その子が自然に動ける環境をつくってあげることが一番大切。動き方のルールなんてないほうがいいんです。キャンプ場で、何か目的を持たせて体を動かすように仕向けてみてください。「バケツの水をこぼさないように、早くお父さんのところまで運ぶ」とか「あの木の3本目の枝まで登ってみよう」とか。目標を達成することによって、自信が芽生え、苦手意識も吹き飛ぶはず。キャンプは、子どもが体を動かすことの楽しさを知る場でもあると思います。

子供の適合能力を信じて のびのび遊ばせよう。

川原や砂利道を歩かせるのが心配だという親御さんもいますが、キャンプ場ならそこまで危険な場所はないもの。転んでも大丈夫なところなら、転ばせてしまったほうがいい場合も。失敗することで次はうまくいくようにイメージして行動するようになりますから。親が思う以上に子どもは自然に適合する力を持っています。大きなケガをさせない配慮はするとして、あとは子どもを信じてあげて。普段より頼もしい姿を見られるのも、親子でキャンプへ行く醍醐味ですから。

廣戸聡一さん/整体施療家・スポーツ整体「廣戸道場」主宰。フィジカル・スーパーバイザーとしてプロアスリートたちの肉体管理を行うほか、子ども向け運動教室も開催。著書に『子どもの運動力は「4スタンス理論」で引き出せる!』(日本文芸社)などがある。

2

子どもにとってのアウトドア

「お手伝い塾」「家事塾」主宰
辰巳 渚さんに聞く

いっしょに、はたらく

アウトドアで過ごす日は、
やるべきことがたくさん。
ならば子どもの手を借りて、
お父さんお母さんはラクしましょう。
キャンプで覚えたお手伝いは
きっと将来に役立つ糧になるはず。
一緒に働けば、絆もぐっと深くなる！

お手伝いをする力は豊かに生きるための大切な糧になる。

キャンプ場に着いたら、車から荷物を降ろして、テントを張って、お昼ごはんを準備して…、到着するやいなや、やるべきことがたくさんあります。「大人でやったほうが早いから」といって親の手だけでやってしまうのはもったいない話。子どもにも手伝ってもらって戦力にしてしまえば、親はラクができてもっとキャンプを楽しめるかもしれない。そしてキャンプでのお手伝いは、〝家事ができる子〟を育てるきっかけにもなるんですよ。

お手伝い、つまりは家事。日々やることで「自立して生きる」「体を使って考え、行動する」「人の役に立つ」といった力が身につきます。それは子どもたちがこの先何十年と続く人生を、豊かに生きるための鍵になる大きな力です。学校でお手伝いを積極的にやりましょうとは言われるけれど、その大切さや、やり方を教えるのはやはり親の役目。子どもに興味を持ってもらうためにはまずは親が、お手伝いの価値を認識することが大事だと思います。

家事は積み重ねが大切。小さなうちからお手伝いを。

家事は、やろうとしてすぐできるようになるものではありません。実は私も、家のことは親がするのが当たり前、という家庭で育ち、実家暮らしの時は家事をほぼやってこなかったんです。20代半ばでひとり暮らしを初めてやるしかない状況になったわけですが、体が自然と動くようになるまで20年近くかかりました。今でも、家事が得意だとは決して思いません。ただ、朝起きて歯を磨いたり、顔を洗ったりするように、何も考えずにできるようにはなりました。考えこまなくても体が動くようになったり、手順が見えるようになるために必要なのは、とにかく積み重ね。3歳くらいからお手伝いを始めたら、きっと15、16歳になる頃には家事が染みこんでいますよ。

高校生や大学生になれば、アルバイトや部活に明け暮れて、家のことをしないようになるかもしれない。でも、家事は体が覚えているから大丈夫。親がお皿を洗っていたら横で拭くとか、ゴミが落ちていたら自然と拾うとか、〝気づいたらやることが当たり前〟に育っていたら、途中でやらない時期があっても、やるべき時がきたら戻っていけるんです。

お子さんには、いつか独立すべき時がきます。その時に心地よく健全に生活してもらいたい、と思うのが親心というもの。それであれば、早いうちから家事をさせるべきなんです。思春期になると自分の価値観も強く出てくるから、親の価値観を伝えやすいのは、小学校5年生くらいまででしょうか。それまでに、日常的にお手伝いをさせて、家事というものをその子自身にぐんぐん染み込ませてあげてください。

子どもの手を借りて積極的にラクをしよう。

普段お母さんが料理をしている時、お子さんは横でテレビ、というのが習慣になっているおうちも多いでしょう。でもキャンプだと、何もしないでぼーっとしているほうが、逆に妙に感じるものです。そして、子どもも手伝いたいという気持ちになりやすい。親も余裕があるから「包丁はこうやって持つんだよ」なんて、丁寧に教えてあげられるでしょう。さらには楽しい時間だから「ありがとう」と気軽に言える。普段だったらお皿を出してくれたぐらいじゃお礼も言えなかったりするけれど、アウトドアの空気って気持ちいい言葉を引き出してくれるんですよね。そういう意味でも、キャンプは、子どもがお手伝いをしやすい環境といえます。

親も、「自分で動いたほうが早い」じゃなくて「いかにこの子の手を借りてラクをするか」くらいに思っていていいんですよ。そこの意識を変えるのも実は大事なこと。「見守る」という意識でいるからついイライラして「あ〜私がやる！」となってしまいがち。ラクしたいから手伝ってもらおう、という気持ちでいたらもっと悠長でいられる。子どもが家事をできるようになるまでには何万回も同じことを言わないといけない。その面倒くささは確かにありますが、子どもができるようになったら自分がラクできる、くらいに思っておいて。結果、その子の将来の生きていく力に結びつくのですから。

キャンプで働くことで家族がもっと近くなる。

まだ小さいうちは、どんなお手伝いをさせていいか迷うかもしれません。もちろん危険なことはさせてはいけませんが、ちょっと難しいかな、と思うことをキャンプで挑戦させるのもいいと思います。教育や発達心理学の分野でよく言われるのが、「子どもが今日誰かの力を借りてできることは、明日にはひとりでできることだ」という言葉。今日、親のヘルプのもとでできたことが、明日にはヘルプなしでできてしまう。それが子どもです。成功だけしていたら成長はない。包丁を使う、ペグをハンマーで打つ、水をこぼさないように運ぶなど、年齢に合わせて〝できるかできないかギリギリのこと〟をする機会を親がつくってあげることが、子の成長のきっかけになるのです。

キャンプでお手伝いをしてくれても、家に帰れば、まあモチベーションは落ちるもの（笑）。その時はぜひ、「キャンプでは手伝ってくれて助かったよ。ひとりの人間として、あなたの力をあてにできるわ」という言葉を。意欲を盛り上げるというよりも、大きくなったから、家のことをやるのがもう当たり前なのよ、ということを伝えましょう。作業としてお手伝いが面倒くさくても、そういった評価は子どもにとって嬉しいはずですから。

学校でも会社でも、みんながその場のために働くと団結するものですが、キャンプも同じ。家族で共に力を出し合えば家族の距離が縮まります。家族のために働けば、家族の一員だという自覚も強まる。やるべきことがたくさんあるキャンプは、家族のつながりを密にする絶好の機会なんです。

辰巳渚さん／編集者を経て「家事塾」発足。2009年『「捨てる！」技術』（宝島社新書）が130万部のベストセラーに。「家事セラピスト」を養成し、各地で「子供家事塾」を開催。著書に『子どもを伸ばす お手伝い』（岩崎書店）、『親子で片づけが上手になる！』（池田書店）などが。

3

子どもに
とっての
アウトドア

魚をとる、食べる

食育研究会「Mogu Mogu」代表理事
松成容子さんに聞く

手で魚をつかんで、さばいて、
火を焚いて、焼く。
キャンプで五感をフル稼働させたら、
命の大切さを実感できる。
「いただきます」って言えるようになる。
一緒に味わえる仲間と幸せを感じたら、
心の底から「おいしい」って思えるはず。

食べるということは命をいただくということ。自然の摂理を伝えよう。

キャンプは自然の匂い、色、動き、温度、音によって五感が総動員されるので、食育には最適の場です。

私が代表理事を務める食育研究会「Mogu Mogu」では、親子を対象に、イワナを捕まえてから食べるまでを体験するイベントを開催してきました。浅瀬に放たれたイワナを手でつかみ、カッターナイフでお腹をさいて、はらわたを出し、洗って、塩をふって、串刺しにして直火で焼いて食べる。そうやって実際に自分の手で命を奪う体験をすることで、「あなたの命を私の命にさせて『いただきます』、そして私は生きていきます」と実感してもらいます。その実感が、命を粗末にしない、おいしく全部食べることが大切だという学びにつながるのです。

そのイベントを行っていた山では、イワナのお腹をさいて出たはらわたを狙って、タヌキが寄ってくるんです。実際に子どもがタヌキの姿を見ることがないにしても、翌朝はらわたがきれいに片づいていることを教えれば、自然の循環についても知らせることができます。さらに、イワナが泳いでいるのは流れの速い上流だから身のこなしも素早いのだと話せば、生き物＝食べ物は、自然環境に合った場所で育つと伝えることができます。自然には一日、一年のリズムがあって、季節があって、だから素材が食べられるまで育つには時間がかかる。そしてその土地ごとの作物があるということを、子どもたちに話しましょう。そのうえで、人間の都合で食べ物を加工したり流通させたりしていることを、子どもの成長に合わせて話していければ、大人になって日々食べるものを自分で選ぶようになった時に、想像力を働かせながら正しく判断できるようになるのではないでしょうか。

頭と体で想像し、
食べ物とのつき合い方を考える。

　食育とは、人間は自然の摂理のもとに生かされているという基本を、知識だけでなく、皮膚感覚でも想像できるように伝えることだと私は考えています。頭だけでなく、体で感じること。そうすることで、食べ物とのつき合い方について、その時代に合わせて、自分で思考できるようになると思います。

　今は、食べ物を取り巻く流通の事情や常識等がめまぐるしく変わる時代で

お魚さん、ありがとう

子どもにとってのアウトドア

- FOR KIDS - 3

魚をとる、食べる

す。子どもたちは生まれた途端に、その状況の中で育たねばなりません。だからこそ、早いうちに食べ物とのつき合い方について、伝えておくことが必要だと思うのです。人間は、自然界で育ってきたものの中から食べ物を得ていくしかないので、自然界のリズムに合わせていかなければなりません。雨が降らなければお米はできないし、野菜の値段も上がります。そういった食の基本的なことを実感するためには、知性と感性の両方が必要となります。その感性の部分は、やはり自分が自然に入ってみることで培われるのではないでしょうか。あったかいとか、寒いとか、土のざらっとした感触とかを五感で感じることで、感性を伸ばし、深めていく。自然界とのつながりがあってこその食べ物とのつき合いなんだと伝えてあげることは、食育の大きな役割だと思います。

魚を捕まえて食べるなどして、食べ物の色々な側面を見ると、そこにはたくさんの感動の種があることがわかります。小さな頃から体験すれば、食べ物や自然は、自分のわがままや無理を押し通してなんとかなるものではないということも、呼吸のように感覚的に身につけられます。それをわかった上で、自然の中で我慢したり、工夫したり、自分の苦手なことにチャレンジしたりすれば、体が芯から喜ぶ感動がきっと手に入ります。食べ物とのつき合いにプラス思考で立ち向かうことができるようなったり、人とのつき合い方、社会とのつながりが理解できたり、社

会的自立にも導かれると思います。

キャンプのイベント性で苦手な食べ物を克服する。

「うちの子、どうしようかと思うくらい野菜を食べないんです…」というお母さんがいたのですが、その子が私たちが開催するアウトドアイベントに来たら、バリバリとキュウリを食べるんです。やっぱり違うものを感じているんだなって思います。そこで食べたからといって、家でもすぐに好き嫌いがなくなるわけではありませんが、親がどうやっても食べさせられなかったキュウリを、外では食べる。それだったら、あとはちょっとしたきっかけだったり、味付けだったりで食べられるようになるはず。親は安心できますよね。

そういう意味で、キャンプも非日常なので、苦手を克服するチャンスです。自然の中に身を置いて、小鳥の声と葉がこすれる音くらいしか聞こえないところで、キュウリを食べてみてください。シーンとした中で、パリッと音をさせてキュウリをかじると、ぜんぜん違うものを感じると思います。

野生に戻ってみんなで「おいしいね」を感じる。

キャンプでは、普段と同じものを食べても断然おいしく感じますよね。それは、自然の中では野生に戻って、体全体で食べ物を味わう準備ができているから。人工的なお菓子や文明から体を少し離す。そして外で体を動かすと、自然と「お腹が空いた〜」となりますよね。そんな時こそ、食べ物の本来のおいしさを感じられると思うのです。

さらに、みんなで食べる体験ができることも大切です。ひとりで食べて「おいしい」ではなくて、「おいしいね」と目を合わせる相手がいることは、食の中でも大きな幸せなのではないでしょうか。そうやって子どもの幸せ感を膨らませることも、食育だと思っています。

キャンプは、そういう「おいしいね」がたくさん生まれる場所です。お母さんが導く「おいしいね」だけではなく、お父さんも子どもも「おいしいね」と声を発して共感しあう。食での本当の幸せを、子どもたちに実感してもらえる最高の場所なんです。

松成容子さん / NPO法人食育研究会「Mogu Mogu」、食をテーマにする編集プロダクション「たまご社」代表。親子料理教室や収穫体験などを通し、食文化を子どもたちに伝える活動を行う。著書に『子育てハッピーアドバイス 笑顔いっぱい食育の巻』(1万年堂出版)が。

4

子どもにとってのアウトドア

大阪ガス
船溪俊輔さんに聞く

焚火って明るいね

キャンプの締めくくりには、
家族みんなで焚火を囲んでみよう。
ゆらゆら揺れるオレンジ色の炎は
熱くて、明るくて、きれいで
眺めているとなんだか心地いい。
キャンプは子どもが火に親しむいい機会。
火のありがたさも、きっと実感できるはず。

火＝熱い、ということを知らない子どもが増えています。

私たち人間ははるか昔から火に親しんで生きてきました。人が進化したのも、およそ100万年前に火を使うようになってから。火で体を温め、獣から身を守り、調理をするようになると、脳も体も急速に発展していきました。結果個体数が増え、文明が発展して、現在に至るわけです。火の発見は、人類史における最大のできごとでした。

人類の発展に大革命をもたらした火ですが、現代の生活ではどんどん目に触れないものになっています。ひと昔前までは調理、暖房、給湯など様々な目的で家の中でも火を使っていましたが、今は家の外や機械の中で燃焼するものが増えているのです。そういう時代だから、火を扱ったことがない子どもが増え、火が熱いということを知らない子すらいるんですよ。にわかには信じがたいことですが、火の炎の色がきれいだからと、手でつかもうとする子どもがいるという話も聞いたことがあります。最近の親御さんは、危ないからといって火を遠ざけがちです。だから子どもたちは扱い方を学ばないまま育ってしまうんです。

それではいけないと、大阪ガスでは、火の正しい使い方や火の重要性を子どもたちに伝えるための「火育」プログラムを実施しています。火育とは、火について学び、豊かな心を育むこと。七輪で炭をおこしてマシュマロをあぶったり、古代式の火おこしをするなど、大人からするとそんなに変わったことをしているわけではないんですが、子どもにとっては新鮮な体験のようです。マッチすりをしてもらうだけで、もう大喜びなんですよ。マッチひとつがアトラクションになるくらい、今の子は、普段火に触れていないんですね。親御さんの中にもマッチがすれない人がいるくらいですから(笑)。

やけどしないように、そーっと

火の扱い方を知ることは生きていく力に直結する。

でもね、今の時代でもやはり火の扱い方は知っておいたほうがいい。災害によりライフラインが絶たれ、ガスや電気のある便利な生活から突然離れなければならない時がくる可能性だってあるからです。そもそも、火の扱い方を知らないと、すぐにやけどをしてしまいますから。

東日本大震災の時、被災地はとても寒かった。避難所にいる方々が、ドラ

ム缶の焚火を囲んでいる光景がよくテレビに映し出されていたのを覚えています。人から聞いた話ですが、あの時「この火を絶やさないように見ておいてね」と言われても、火を絶やさずに見張ることのできる人が非常に少なかったそう。ドラム缶の中に薪をどのタイミングで入れればいいか、どれくらいの量の薪を入れたらいいかわからず、困ってしまったそうなんですね。またあの時、各地で計画停電が実施されました。その際、「ごはんが炊けないけどどうしたらいいか」という問い合わせが多く電力会社に寄せられたとか。でもごはんは、カセットコンロと鍋があれば十分おいしく炊ける。炊飯器以外でごはんを炊く術を今は知らない人が多いんです。火の使い方や応用術を学んでおくと、いざという時に慌てなくて済む。状況に応じてたくましく生きていくためにも、火の扱いは知っておきたいものです。

キャンプは、火の使い方を子どもに伝えるチャンス。

泊まりがけでキャンプをするとなったら、火は欠かせません。バーナーでお湯を沸かしてコーヒーを淹れ、炭をおこしてBBQをし、夜は薪をくべて焚火をみなで囲む。一日に何度も火を使うシーンが出てきます。つまり、キャンプは絶好の火育の場。炭や薪が着火し、炎が上がるまでにどういう過程を踏み、どれだけ時間がかかるか、ぜひお子さんに見せてあげてください。キッチンではお湯を沸かしたかったらスイッチひとつで済むけれど、外ではそうはいかない。それを目の当たりにすると、火のありがたさに気づきます。夜暗くなってから焚火をすると、火がどれだけ安心感を与えてくれるものかも、実感することができるでしょう。

また、何をすると危ないかを教えるにもいいチャンス。火の近くに行く際はひらっとした服や袖口には十分気をつけるとか、長い髪は結ぶとか。当たり前のことのように思えるけれど、それを教える機会は日常ではありませんから。私が普段火育プログラムで子どもたちに接していて思うのが、火を怖がるよりも、甘く見ている子が多いということ。火は便利な半面、扱い方を間違えば惨事につながるということも、キャンプを機会に教えてあげるといいと思います。

火は、脳を活性化させ心を癒やしてくれる。

大阪ガスと東北大学の川島隆太教授が行った共同研究では、火を使うと脳が活性化することがわかっています。子どもが「マッチをする」「七輪で火をおこす」「ガスコンロを点火する」、という行動をした時、脳の意思疎通をつかさどる部分が活発に働くのです。

そして、火には癒やし効果があることも忘れてはなりません。炎が揺れるのを見ていると、気持ちがとても落ち着きます。火は、大昔から人と人とのふれあいの場をつくる、重要な役割を果たしてきました。焚火を囲むと、コミュニケーションが弾むし、心も開きやすくなる。一緒にいる人との距離が縮まるのが実感できます。どんどん便利な暖房器具が出てきているのにストーブや暖炉がなくならないのは、人が炎に癒やしを求めているからではないでしょうか。きっと火は、私たちの心と体の奥深くに根付いているものなんですね。

キャンプの夜は長いです。炎に照らされた顔を見合わせながら楽しく会話を交わすのもいいし、たくさん動いた頭と心をクールダウンさせるためにただただ炎を眺めるだけでもいい。一日の終わりには、ぜひ親子で、焚火を囲み、火の効能を感じてみてください。

船溪俊輔さん/大阪ガス勤務。「火を使い、理解すること」を推奨すべく、火おこし体験や朗読会などの火育プログラムを企画、展開。小学校への出張授業や、NPO法人プラス・アーツと共同で屋外キャンプイベントも行っている。http://www.osakagas.co.jp/hiiku/

5

子どもにとってのアウトドア

夜のたんけん

「富良野自然塾」インストラクター
中島吾郎さんに聞く

本当の〝暗さ〟を初めて知るのは
キャンプの夜かもしれません。
太陽が沈んだら、ランタンを持って
テント周辺を散歩してみよう。
冒険気分が味わえるだけでなく、
昼間には気づかなかった
たくさんの発見が待っています。

真の暗闇は眠っていた〝五感〟を再認識させてくれます。

夜は暗いもの。それは小さな子でも知っている当たり前のことです。でも、夜の本当の暗さというのは、自然に囲まれたキャンプ場で夜を過ごすようなことがない限り、今の子どもたちが知る機会はなかなかありません。街灯、コンビニの看板、車のライト。都市部に住んでいたら、皆が寝静まった時間でも、見渡せば常にどこかに灯りが見える。田舎の空の色は黒に近いけれど、東京の夜空は薄明るい。星も、数えるほどしか見えません。電気がいたるところにあるのが便利なことは、確かです。でも、その便利さと引き換えに、失っているものは少なくない。発電により自然環境に負担をかけているということは想像にたやすいですが、人の本来の機能にも大きな変化を及ぼしているのです。

私たち人間には、視覚・聴覚・味覚・触覚・嗅覚の五感が備わっています。長い間、人間はこれらの五感をまんべんなく使って生きてきたわけですが、現代の人は、テレビやインターネットの影響もあり、ほとんどの情報を視覚から得ているといわれています。視覚ばかり発達すれば、ほかの感覚は眠ってしまう。

私たちが生きていくためには安全で快適な道を随時選び取らなければなり

ませんが、その判断材料となる外的情報をキャッチするのは五感の役目。つまり五感が眠るということは、生きる力が眠ってしまうようなものなのです。

五感が鈍っている？と感じたふたつの出来事。

私の身近なところで、人の持つ嗅覚が鈍ってきているのかなと、実感したできごとがありました。広い年齢層の人が集まる場所で火の不始末でボヤ騒ぎがあった時に、「臭いぞ？」と気づいたのは年長者。若い人は煙の匂いを察知できなかったんですね。またこんなことも。皆で食事をしていた時にある人が「この魚は傷んでいるかもしれないね」と皿に鼻を近づけていたら、そこにいた若い女の子が冷蔵庫に走って何かを確認し、「大丈夫です。賞味期限は切れていません」と言ったんです。これはボヤの話よりもわかりやすい例かもしれません。ある程度の年の人は、食べ物の匂いを嗅いで違和感があれば、腐っているかもしれないと疑います。でも、今の若い人は賞味期限とい

夜のお散歩、なんだかわくわく

うデータで判断しようとする。文字情報に頼るばかりに、嗅覚を積極的に働かせなくなってきているのです。

夜のキャンプ場には学びが溢れている。

視覚以外の感覚を蘇らせるためにも、時々光のない場所に身を置いてみましょう。私が働くNPO「富良野自然塾」では、環境教育の一貫として〝闇の教室〟というプログラムを実施しています。光のない空間を歩いてもらう、暗闇体験プログラムです。それを始めたのも「暗闇を体験することで、本来持っている五感を再認識してほしい」というのが、第一の目的でした。

闇の教室はゾーンごとに温度や音で四季を演出しています。真っ暗な空間で、視覚以外の感覚で四季を感じ、五感というものを再認識してもらう。我々人間にも、感じる力があるんだということを思い出してもらえたら、という考えのもと運営しています。

キャンプ場でも太陽が姿を消せば、月明かりはあっても、日常にはない暗さを体験できます。ぜひ少しテントを離れ、夜の大自然に身を置いてみてください。川のせせらぎや小動物が動く音が際立って聞こえ、土の柔らかさを知り、足元から地球を感じられる。温度や匂いにも敏感になり、昼間には気づかなかったたくさんのことを感じることができるでしょう。

五感が冴えわたった結果わいてくるのが、人間も自然の一部なんだという

実感。夜の森で一生懸命生きている動物がいて、ひっそり休んでいる動物もいる。そして陽が昇れば、また新たな1日が始まる。そういった何でもない自然の営みが何億年と続いてきたことも、夜の森を歩くことで子どもたちに伝えることができると思います。

自然が心を解き放ち、暗闇が人との距離を近づける。

これは夜の話ではありませんが、「富良野自然塾」では〝ひとりぼっち〟というプログラムを開催することがあります。何もない原っぱで、ひとりぼっちで一定時間過ごしてもらう、というものです。携帯も時計もないから、最初の数分はみんな落ち着かない。でも、20分もすれば寝っ転がって空を見ていたりするんですよ。そして「この虫は何をしているんだろう」「いつからこの木は立っているんだろう」なんて普段考えないことが頭に浮かぶ。それはきっと、本来人が持っている引き出しが開くから。いつもは心の奥にあるものが、自然の中では引き出しやすくなる。心が解放されて、本音が出やすくなりますから。そしてそれは、夜ならばなおのこと。今はメールやＳＮＳの普及により、文字上でのコミュニケーションが進み、直接的な接触が希薄になっているといわれています。でも闇の中では人の声や肌のぬくもり、匂いが頼り。自然塾のキャンプで、「普段は本音で話さないけれど、暗いところだと自然と心を開けた」という親子もいました。

キャンプの夜だからこそできる密なコミュニケーションを。

子どもは夜の闇を怖がる、というのは大人の思い込み。余計な情報を持たない小さな子ほど、闇を怖がらないですね。家族といれば、子どもは安心します。声をかけたり、手を握ったりとスキンシップも忘れずに。日常ではできない、キャンプの夜ならではのコミュニケーションを楽しみましょう。子どもにとって、きっと忘れられない思い出になりますよ。

中島吾郎さん/作家・倉本聰さんが森林再生と環境教育を目的として立ち上げたNPO「富良野自然塾」で、インストラクターを務める。富良野の大自然で、小中高生をはじめとした参加者に地球環境を楽しく伝えるプログラムを実施。http://furano-shizenjuku.com

interview

建築家

谷尻 誠さん

MAKOTO TANIJIRI

1974年生まれ。建築設計事務所「SUPPOSE DESIGN OFFICE」を吉田愛と共宰。広島と東京の２拠点態勢でインテリアから住宅、複合施設、ランドスケープやアートの分野まで、国内外のプロジェクトを幅広く手がける。http: //www.suppose.jp

冒険して、失敗して、学んで変化を楽しめる大人に。

建築家という仕事柄、僕はインドア派に見えるかもしれませんが、実はアウトドア派なんです。生まれ育った広島県三次市では子どもの頃、川で魚釣りをしたり泳いだりしていました。毎日のように釣り竿を持って橋の上に通って、魚が釣れなくて飽きると、川に入って泳ぐんです。魚屋さんでもらった発泡スチロールの箱をつなげて、舟を作ったりして遊んでいました。

学生になってからは、仲間とマウンテンバイクでダウンヒルを楽しんだあと、河川敷にテントを張って合宿をしていました。アウトドアでの食事は本当においしいんですよね。

息子はこの11月で2歳になります。都会の公園でも、外に放り出しておくだけでゴキゲンで、今は毎日が〝キャンプ状態〟です。そんな息子を連れて本当のキャンプに行くなら、まずテントを張って、道具は家で使っているランタンと、あとはバーベキューのセットを揃えれば充分。やっぱりアウトドアでの食事を充実させたいんです。

山まで出かけてキャンプしなくても、自宅の庭やベランダでアーバンアウトドアを楽しむのもいいですね。その方がごはんもおいしいし、寝るのも気持ちいい。大人も外でビール飲む方がおいしいでしょう？　実は僕、子どもの頃から家の窓にカーテンを付けないんです。網戸もつけない。虫が入ってきますが平気です。妻もゴキブリ以外は大丈夫（笑）。

日本人は庭があっても、なかなかうまく楽しめない。使い方が下手なんですね。うまくなるにはきっかけが必要だから、僕は庭にキッチンがあってもいいと思います。実際の建築でも、2015年の〈安城の家〉では、敷地全体に屋根をかけて、半屋外の土間のような空間を「外のＬＤＫ」としました。お施主さん一家にも喜んでもらえて、屋内のＬＤＫよりも外で過ごすことが多いそうです。

住宅だけでなく、ホテルも外にあったら面

白いですね。完全に外、野原にあってもいい。ホテルの機能には睡眠欲、食欲、性欲を満たす役割がありますが、外で寝る、外で食事する…、そんなホテル体験があってもいいのにな、と思います。

海外のお施主さんと土地を探しに行く機会があって、僕はフランク・ロイド・ライトの〈落水荘〉のような別荘を設計したかったので滝の近くを探して、ちょうどいい場所を見つけたのですが、お施主さんには「滝の音がうるさい」と言われてしまいました(笑)。

僕自身はいつか別荘地を買って小屋を建てたり、鎌倉あたりに住んで子どもを育てたいなと思っています。息子には山の中で遊ぶことの怖さや、虫やヘビとの接し方を学んでもらいたいんです。冒険して失敗して学んで、死なないぐらいがちょうどいいと思います。

家族で山口県大津島の〈小屋場 只只〉へ泊まりに行った時、暖炉に火をつけたら息子が炎をじっと見ているんですよ。最近は裸の火を見る機会が少なくなっているから、炎の怖さを知らない子どもが多いらしいですね。息子にはぜひやけどして学んでもらいたい。

そんなふうに思うのも、やはり命に関わることは親として守りたいけど、本人の自主性も育てたいですから。自然の中でサバイブする力があった方が、大人になった時も力になる。街の中にいても力は付きません。

息子とのコミュニケーションの基本は、子ども扱いしないことです。好き嫌いがあったら、「これはおいしいから食べた方がいいよ」と、会話するようにしています。悪いことをしたら、「こうした方がいいと思うよ」と説明するんです。

僕は保育園もたくさん設計していますが、その中のある園長さんから「子どもが悪いことしても抱きしめてあげて」と教えてもらって実践しています。平日の朝と日曜日は、そうやって子どもと過ごす時間があるので。

仕事と家庭のバランスを考えると、子どもを連れて動いた方がいい場合もあります。実際、海外出張にも7カ国ぐらい連れて行きました。中国、タイ、ベトナム、オランダ、オーストラリア、イギリス……そうすることで、仕事のスケジュールをこなしながら妻にストレスが集中しないようにできるから、色々なことがうまくいくんです。

　息子もなるべく今のうちから海外に連れて行きたいですし、たとえばインドネシアのバリ島に行った時も、原っぱやビーチに放り出していました。どこに行っても、外にいるだけで機嫌がいいのが、子どもなんです。

　だから、キャンプは絶対やった方がいい。そうしてサバイバル能力を身に付けないと。結局、大人になって仕事をするようになっても、変化に強いことが一番必要になりますからね。建築の仕事もそうですが、状況が自分が思っていたのと違う、なんてことはしょっちゅうですし、その〝変化〟を楽しめる人でないと、新しいものを生み出すことはできないんじゃないでしょうか。

　変化を楽しむことを学ぶためには、多少不便な方がいいかもしれないですね。僕が育った家も、古くて不便な町家で、お風呂は五右衛門風呂だったんです。「友だちの家にはきれいなユニットバスがあるのに自分の家だけどうしてボロいんだろう?」と思っていました。親がお風呂に入る時には、お風呂の外で薪をくべなければいけないのが、子どもの頃は面倒くさくてイヤでした。そんな家に住んでいたからこそ、「大工になってお城を建ててやる!」と、言っていたんですね。

　今またその頃の気持ちに戻って、子どもとキャンプに行くことを考えると、道具が足りないぐらいがちょうどいいと思います。不便な方が、便利なよりもいい。足りない分は思考力で補っていけますから、息子にはそういう本当の思考力を育ててもらいたいんです。

　自分が子どもの頃、釣り竿を固定しておくために、その辺の石を拾って集めていました。今なら専用の道具が買えるけど、それがなければ身近にあるもので工夫する。

　子どもは、「何でどう遊ぶか」を考える生き物ですからね。

監修◯小野智子さん

小学校入学前に天体望遠鏡で見た惑星に感動し、天体ファンに。東京・三鷹の『国立天文台』で広報活動に携わる。

星《ほし》ずかん

星には明るさのランクがあり、肉眼では1等星から6等星まで見えますが、小さい子どもに見つけやすいのは3等星くらいまで。まず明るい星を見つけて、そのまわりの星座や形を一緒に探してみて。星の色の違いも確かめよう。

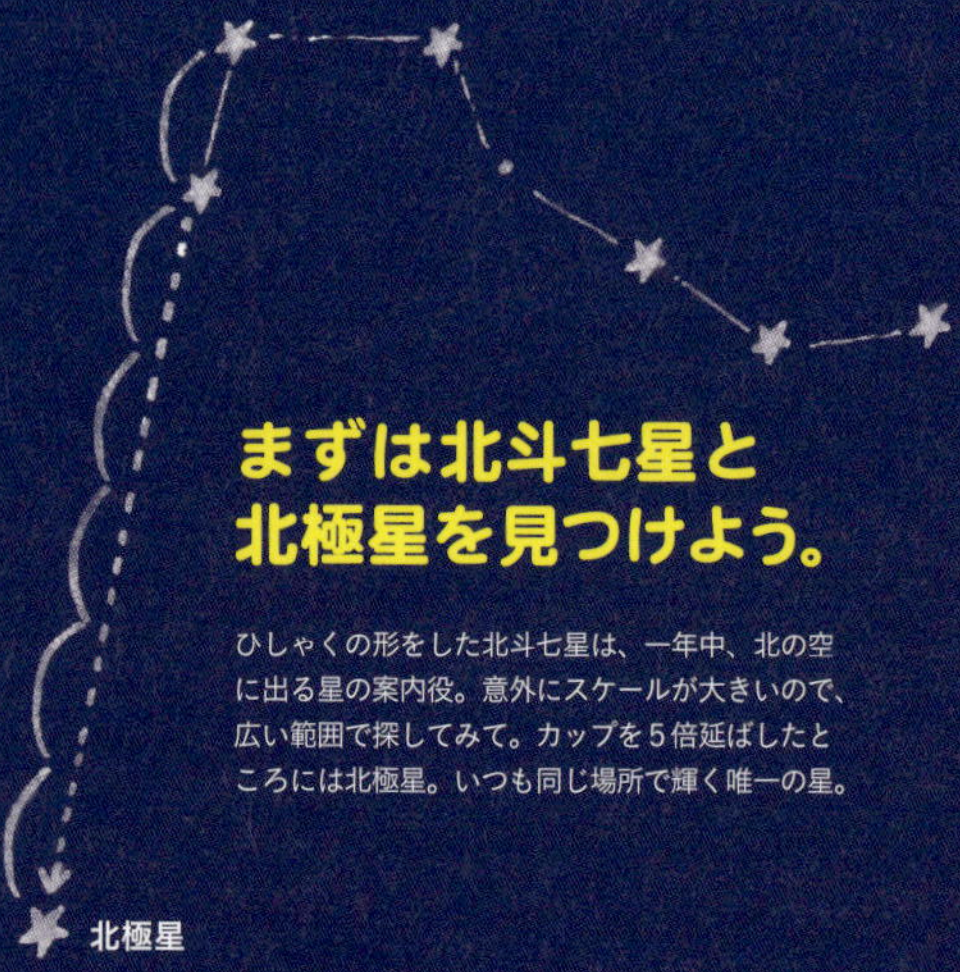

まずは北斗七星と北極星を見つけよう。

ひしゃくの形をした北斗七星は、一年中、北の空に出る星の案内役。意外にスケールが大きいので、広い範囲で探してみて。カップを5倍延ばしたところには北極星。いつも同じ場所で輝く唯一の星。

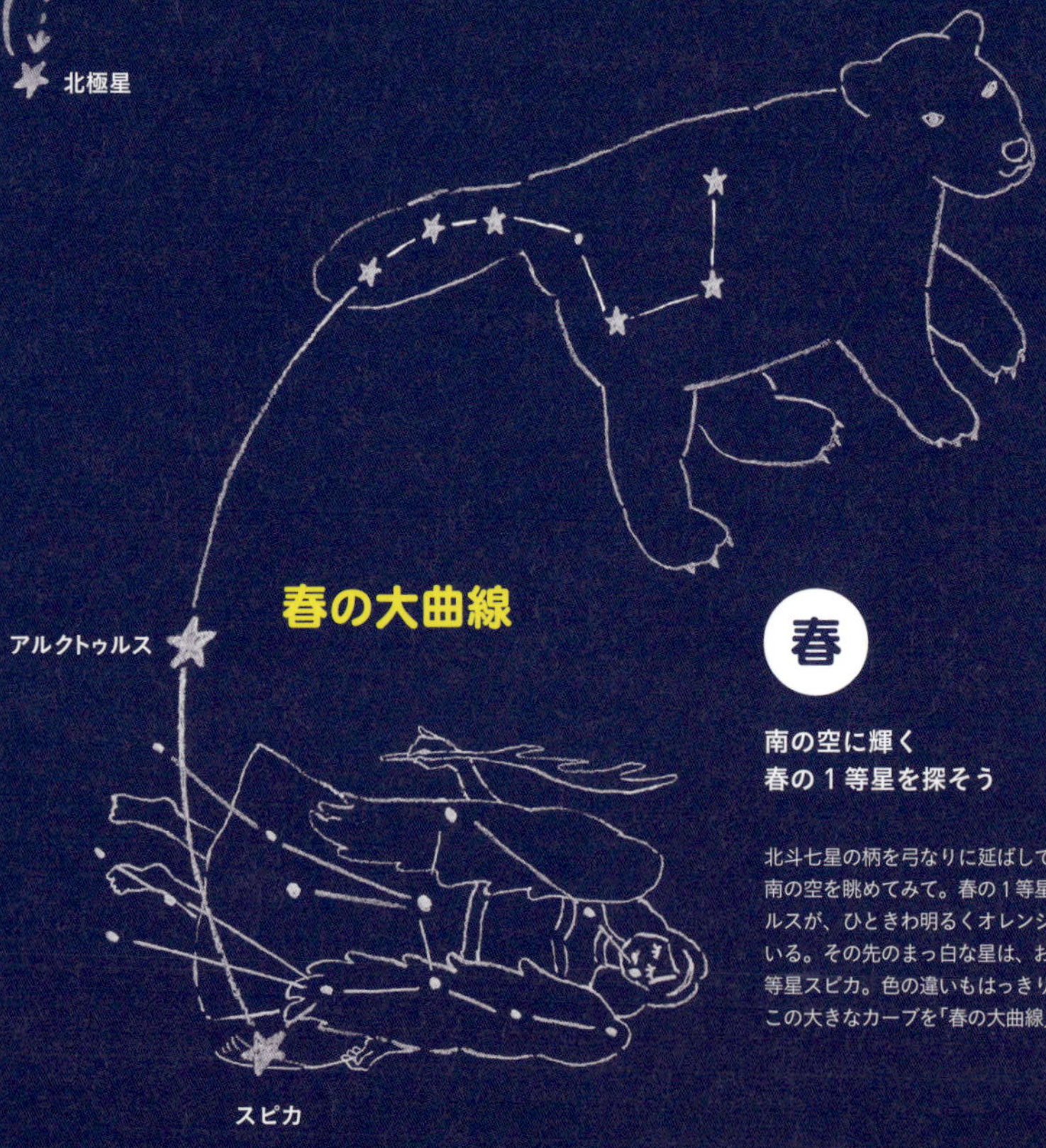

春

南の空に輝く春の1等星を探そう

北斗七星の柄を弓なりに延ばして、真上から南の空を眺めてみて。春の1等星アルクトゥルスが、ひときわ明るくオレンジ色に輝いている。その先のまっ白な星は、おとめ座の1等星スピカ。色の違いもはっきりわかるはず。この大きなカーブを「春の大曲線」と呼ぶ。

大地に寝転がって満天の星空を眺めるのは、キャンプの楽しみのひとつ。
ここでは季節ごとに探しやすい星のならびや星座を紹介。一緒に見つけてみて！

夏の大三角形

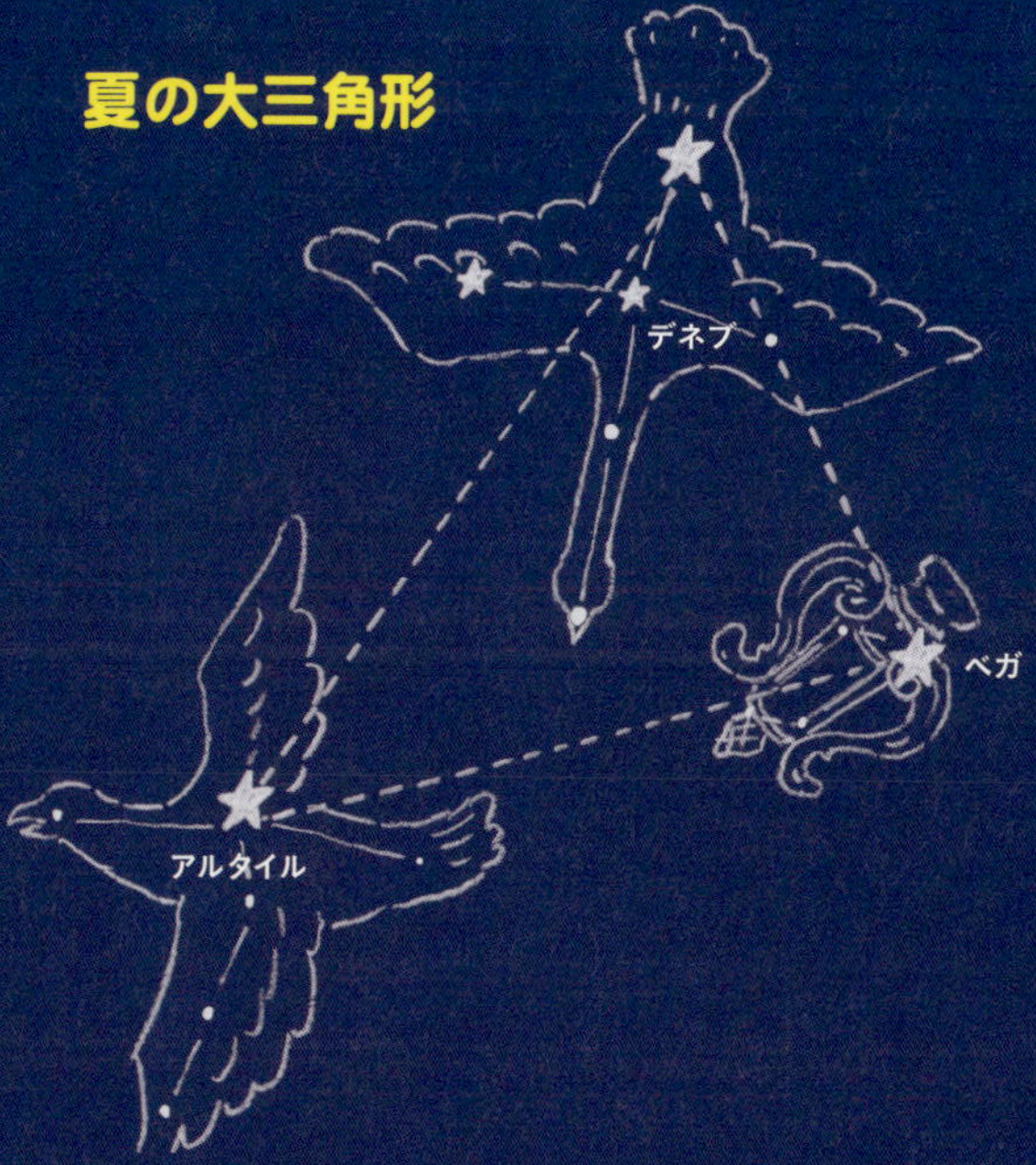

夏

七夕のおはなしの
織姫と彦星をチェック

夜空の真上で白っぽく輝く3つの1等星をチェック。七夕のおはなしに登場する織姫（こと座のベガ）とその南側は彦星（わし座のアルタイル）。さらにはくちょう座のデネブを結ぶと「夏の大三角形」になる。また、南の空で赤く輝く1等星さそり座のアンタレスも探してみて。

秋の四辺形

秋

真上で大きく輝く
四辺形を探してみよう

秋の四辺形（ペガスス座）は、南の空高くに登場。2等星と3等星だけで、秋は明るい星が少ないので注意して見つけて。また、南の低い空には、秋の唯一の1等星フォーマルハウト（みなみのうお座）が輝く。秋のはじめは天の川も確認しやすいので真上をチェックしてみよう。

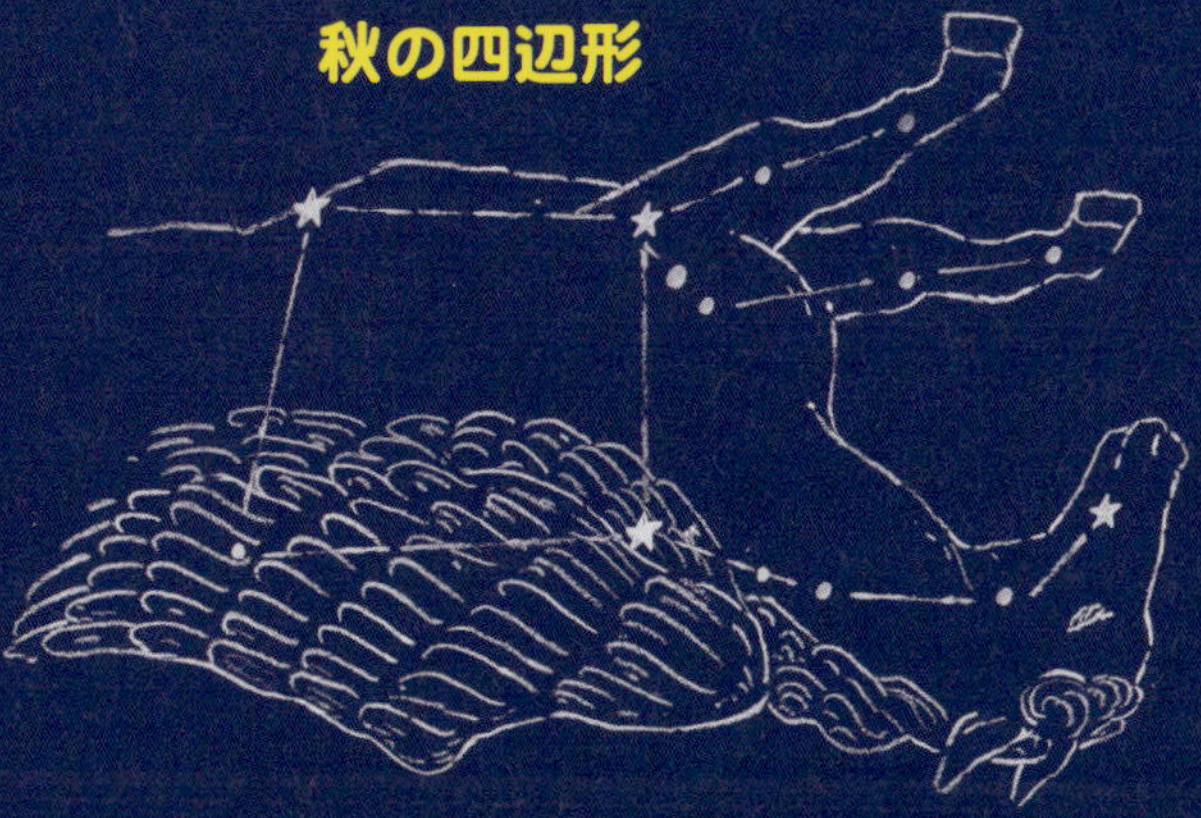

OUTDOOR RECIPE

外でつくるごはんは最高！

空気も水もおいしい自然の中でいただくと、
お肉や野菜をただ焼くだけでも、特別なご馳走に。
さらにここでは、食卓をおおいに盛り上げる
ひときわ華やかで楽しいレシピをご紹介。
次のキャンプで、ぜひ挑戦してみて♪

目玉焼きを添えれば、素敵な朝食に。

手作りかんたんソーセージ

**子どもたちが大好きなソーセージ。
今回ご紹介するのは、肉ダネを
アルミホイルで包んでボイルする
キャンプでも作りやすい、お手軽レシピ。
目玉焼きを添えたり、パンに挟んだり…
アレンジするのも楽しい！**

［材料］

豚ひき肉 … 400g
豚の背脂 … 80g〜
にんにく … 1/2かけ
黒胡椒 … 小さじ1/4
オールスパイス … 小さじ1/2
セージ … みじん切り小さじ 2
ナツメグ … 少々
塩 … 小さじ 1

［つくりかた］

① 豚ひき肉に刻んだ背脂、すりおろしたにんにく、スパイス、セージ、塩を加えて練りまぜ 1 時間ほどおく（できるだけ涼しいところに!）。
② アルミホイルの内側にサラダ油少々をぬり、①の肉だねをソーセージ型に形作りしっかりと巻き込む。さらにもう一回ラップでしっかりと包む。
③ 鍋に湯を沸かして、一度火をとめ、少し冷めたら②を入れ、70℃くらいの温度（底から小さな泡が少し立ち上る程度）を保って20分ほどゆでる。
④ ホイルを取り外し、オリーブオイルを少々熱したフライパンで転がしながら焼く。

＼コレ使ったよ！／

初心者にも使いやすいフライパン。

ハンドルは着脱式で、セットになったクッカーとフタ（湯切り穴と注ぎ口付き）はスタッキング可能！　超コンパクトに収納できる「ヤエンクッカー1000」。フッ素加工を施したアルミ素材のフライパンは、焦げつきにくくお手入れが簡単。様々な調理に使えるので、アウトドア初心者にもおすすめ。¥5,900

上手に包めたよ！

Lee

おさかなの塩釜焼き

卵白で固めた塩で包んで焼いた魚は、
ふっくら柔らかく、旨味がギュッと凝縮。
少しの食材と簡単ステップで完成です。
塩を割る瞬間のワクワク感もたまらない！

塩釜を割ったところ。ふんわりとほぐれる身が超美味なのです。

[材料]

鯛 … 1尾（800g）
※ほか、すずき、イサキなどでも
レモン … 1個
ローズマリー … 2〜3枝
タイム … 2〜3枝
塩 … 1kg
卵白 … 1個分

[つくりかた]

① 鯛は内臓とうろこをとり、お腹にローズマリー、タイム、レモンを入れる。卵白は解きほぐし、塩と卵白を混ぜ合わせる。
② ダッチオーブンに①の塩を敷いて、魚をのせる。上にも厚く全体を覆うように塩をかぶせる。
③ ダッチオーブンのフタをし、30〜40分焼く。オリーブオイル、レモン、にんにくマヨネーズなどを添えても。

にんにく＆ローズマリーの香りと
鮮やかなトマトの色が食欲を刺激。
パーティー料理のように華やかなルックス、
だけど包丁はほとんど使わない簡単料理です。

ラムチョップとトマトのグリル

＼コレ使ったよ！／

**薄くて軽い
進化系ダッチオーブン。**

特殊な鋳物成型技術により作られた「和鉄ダッチオーブン26」。ポット、スキレット、リッドの3点セットで、今回はスキレットを使用。ポット＋リッドで煮込み、ポット＋スキレットでパイ料理など、組み合わせによって様々な料理が作れる。IHヒーター対応で、日々の家庭での調理にも◎。¥25,800

[材料]

ラムチョップ… 8本
にんにく… 2かけ
ローズマリー … 2～3枝
オリーブオイル … 大さじ3
ミニトマト … 20個
（赤、黄色など好みで）
塩、黒胡椒

[つくりかた]

① ラムチョップは適量の塩、黒胡椒をふる。薄切りのにんにく、オリーブオイル大さじ2、ローズマリーを加えてもみこみ、30分以上マリネする。
② ダッチオーブンにオリーブオイル大さじ1を熱し、にんにくを色づくまで炒め、ラムチョップを強火で両面焼いたら、取り出す。
③ 空にしたダッチオーブンにミニトマトを敷き詰め、軽く塩をする（小さじ1/3程度）。ラム肉を並べ、にんにくを上にのせる。ローズマリーをその上にのせ、強火で7～8分焼く。最後にフタをして、弱火で15～20分蒸し焼きにする。

ジャークチキンとお豆のごはん

チキンを数種の香辛料に漬け込んで焼く
ジャマイカ発祥のグリル料理。
家で下ごしらえしておけば、あとは焼くだけ。
スパイスと炭火の香りの相性も抜群!

スパイスは好みに合わせて量を調整して。

豆ごはんを添えるのもジャマイカ流。

ジャークチキン

[材料]

鶏もも肉骨つき … 3本／ライムのしぼり汁 … 2個分
マリナードスパイス
- オールスパイスパウダー … 小さじ1
- チリパウダー … 小さじ1
- シナモン、ナツメグ … 小さじ1
- 黒胡椒 … 小さじ1/2
- ドライタイム … 小さじ2
- カイエンヌペッパー … 小さじ1/3

玉ねぎ … 1/2個／にんにく … ひとかけ
しょうが … ひとかけ／塩 … 小さじ2
砂糖 … 小さじ2／オリーブオイル … 大さじ7

[つくりかた]

2日前〜前日までに仕込んでおこう!

① 鶏肉は関節のところで2等分にする。ボウルに入れライムのしぼり汁を加えてもみこむ。
② マリナードスパイスと玉ねぎなどの野菜類すべてをミキサーに入れ、ペースト状になるまで撹拌する。
③ ①に加えてもみこみ、そのまま厚手のビニール袋などに入れて冷蔵庫で一晩〜できたら2日間漬ける。

キャンプ場に着いて火をおこしたら…!

火の上に網をのせ、鶏肉を並べる。焦げ付きやすいのでまめに返しながら焼く。

お豆のごはん

[材料]

黒いんげん豆 … 400g（缶詰）
水 … 2カップ／米 … 2カップ／塩 … 小さじ1/3

[つくりかた]

① 黒いんげん豆はざるにあけ、缶汁を50cc残す。米は洗ってざるに上げる。
② 鍋に米、缶汁と合わせて水2カップ、豆、塩を加えて強火にかけ、沸騰したら弱火で10分。火をとめて10分蒸らす。

＼ コレ使ったよ! ／

独特の形状が、おいしさの鍵に。

肉を焼くのに理想的な形状を追求した、「鋳鉄グリドルハーフ」。センターがゆるやかに盛り上がっているので、肉をのせた時に余分な脂がサイドに流れ、よりおいしくヘルシーに調理できる。波状のきれいな焼き目がつくのも◎。今回は「焚火台L」、「焚火台グリルブリッジL」と組み合わせて使用。¥8,800

熱伝導率が高いので、まんべんなくこんがり。

デザート ホットサンド

のせて挟んで焼くだけで、とびきりのおいしさを叶えてくれるホットサンド。今回は、チーズとリンゴを主役にしたおやつバージョンのレシピをご紹介。とろりと溶けたチーズのコクと、リンゴの酸味のバランスが絶妙！

[材料]

食パン … 8枚切り8枚
リンゴ … 1個
スライスチーズ … 4枚
くるみ … 30g
グラニュー糖、シナモン、
板チョコレート、いちごなど

[つくりかた]

① 食パンをホットサンドクッカートラメジーノにのせ、上にスライスしたリンゴを並べる。グラニュー糖とシナモンをふり、くるみをのせ、スライスチーズをのせる。

② 上にも食パンを重ね、ホットサンドクッカートラメジーノではさみ、両面をこんがりするまで焼く。 チョコレートといちごなどでも。

＼ コレ使ったよ！！ ／

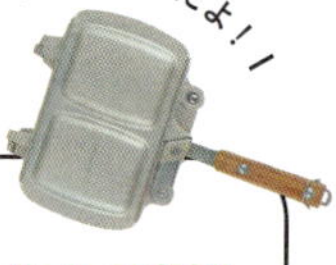

キャンプの朝ごはんはコレに決定！

ホットサンドを2つ同時に作れる「ホットサンドクッカートラメジーノ」。熱伝導率のいいアルミダイカストを使用し、食材をまんべんなく加熱。全体にシリコン加工を施しているため、焦げつきにくく、お手入れも楽々。ハンドルは折りたたみ可能で、コンパクトに収納できるのも嬉しい。¥7,300

フタまで熱がしっかり伝わるから、焼き色もきれい！

手作りパン

焼き立てパンのおいしさは格別。ダッチオーブンがあれば、アウトドアでもおいしいパンが作れてしまうんです。生地をこねるのも、丸めるのもねんど遊び感覚で楽しめるから、子どもたちも喜んで手伝ってくれるはず。

［材料］

強力粉 … 250g
薄力粉 … 50g
ドライイースト … 5g
ぬるま湯 … 大さじ2
砂糖 … 少々

塩 … 小さじ1(5g)
砂糖 … 12g
（大さじ1と1/2）
オリーブオイル
… 大さじ1
ぬるま湯 … 170cc

［つくりかた］

① ドライイーストと砂糖少々を小さなボウルに入れ、ぬるま湯大さじ2を入れてよく混ぜる。15分ほど置く。
② 大きなボウルに強力粉と薄力粉、砂糖12g、塩を入れて泡立て器でよく混ぜ、真ん中をくぼませる。
③ ①とオリーブオイル、ぬるま湯170ccを少しずつ加えながらゴムベラで混ぜ、ひとまとまりになるまで混ぜる。
④ 台にのせ、たたきつけるようにしながらグルテンを出し、手につきにくくなってきたら、向こう側に生地をのばしてはまるめて、を繰り返しなめらかな状態になるまで5分ほど練る。
⑤ 丸く形作り、ラップ、またはぬれぶきんをかけて、あたたかいところで1時間くらい、約2倍の大きさになるまで発酵させる。
⑥ 台にのせてガス抜きをし、7等分にして丸め、ダッチオーブンにならべる。表面に軽く強力粉をふり、ふたをして上に炭を置き、20分ほど焼く。

＼コレ使ったよ！／

使い勝手のいい小型ダッチオーブン

熱伝導性に優れた「コロダッチオーバル」で焼いたパンは、外側がぱりっと香ばしく、中身はふっくら。コンパクトなサイズ感なので扱いやすく、他にも煮込みや炊き上げなど幅広い調理に活躍。フタの裏面にはリブ加工が施されているので、フタを単体で使用して、肉や魚を焼くこともできる。¥11,300

TIME TO EAT!

食事の時間だよ！

キャンプの一番のお楽しみといえば、
やっぱり食事の時間！ たくさんのおいしい笑顔を
「スノーピークウェイ」で見つけました。

※写真はすべて「Snow Peak Way 2016 in 箕面 2nd　2016年8月6日(土)-7日(日)」にて撮影。

愛知県から参加の黒田さんファミリー。家族で楽しめることを探していたら、キャンプにたどり着いたそうです。

スノーピークのキャンプイベント「スノーピークウェイ」にお邪魔しました。

「スノーピークウェイ」は、スノーピークのユーザーとスタッフ(山井社長も参加!)が、一緒にキャンプを楽しむイベント。テントやタープなどの設営に苦心していると、すぐにスタッフが駆け寄ってくれるなど、初心者にも至れり尽くせりの人気イベントです。日が落ちれば、お楽しみの「焚火トーク」。参加者みんなで焚火を囲んで製品やキャンプについて語り合う時間は、きっと大切な思い出に。

❶

COOK, COOK, and COOK

❷

❸

❶今日の夜ごはんはカレー。子どもたちもたくさんお手伝い♪ ❷広島から参加の勝又家は初キャンプ！ アイテムはいろいろレンタルしました。❸大人気のホットサンドクッカートラメジーノ。

❹内田家は11・7歳の姉妹。包丁づかいも上手です。❺大きなお肉を炭火でじっくり焼きます。キャンプならではの豪快料理！ ❻上半身はだかのままつまみ食い。キャンプなら怒られないね！

4

5

TIME TO EAT!

6

❶「スノーピークウェイ」は2度目の重松家。前回食事に凝って「焚火トーク」に遅刻したので今日の夕食は超シンプルに。❷一区画が広々としているのもスノーピーク箕面キャンプフィールドの魅力。

TIME TO EAT!

EAT, EAT, and EAT

❸ハンバーグ、ちょっと焦げちゃった！ でもおいしいよね。❹帰省にあわせて川崎市から参加の米澤家。カレー製作中です。❺突然の来訪者に不審げな中野家のお嬢ちゃん。驚かせてごめんね！

❶

❶石田家は11・9・6歳の3きょうだい。多いときは月3回もキャンプ！ ❷秋田家のベビーはもうじき2歳。笑ったり泣いたり、大きな声を出せてきもちいいね。❸鈴木クン、体操服がキマってる！

❷

TIME TO EAT!

❸

SMILE, SMILE, and SMILE

❹0歳でキャンプデビューした安原家の弟くん、もうすぐ4歳です。❺タープのかげから、いないいないバー。西田家の長男坊ももうすぐ4歳。キャンプ場にはキッズのビッグスマイルがいっぱい！

4

5

interview

名古屋グランパス

楢﨑正剛さん

SEIGO NARAZAKI

1976年生まれ、奈良県出身。名古屋グランパス所属のゴールキーパー。FIFAワールドカップの98年フランス大会から４大会連続で、日本代表に選出。Jリーグ最優秀選手など数々の賞を受賞している。著書に『失点―取り返せないミスの後で』（幻冬舎新書）が。

キャンプは家族と密に過ごせる貴重な時間。

我が家には、子どもが3人。全員男の子で、上から中学1年、小学4年と3歳児です。僕らが初めてキャンプに行ったのは、長男が幼稚園くらいの頃でした。長男の友だちの家族がよくキャンプに行っていて、話を聞いていると、テントで家族一緒に寝たり、外で食事を作って食べたりと、すごく楽しそうだったので、「よし、うちも行ってみよう！」と。

　奈良の田舎で生まれ育った僕は、子ども時代に、自然が当たり前のように身近にある暮らしをしていましたが、うちの子どもたちは、今の自宅が都市部にあるため、普段の生活の中で自然と触れ合う機会があまりないんです。僕自身、子どもの頃の記憶から、自然の中で過ごすのは気持ちいいという感覚が今でもあるので、自分の子どもたちにも、できれば小さい頃からそれを体感させてあげたい、という思いもありました。

　といっても、僕はそれまで一度もキャンプに行ったことがなかったし、子どもの頃に家族や友だちとアウトドア体験をしたということも特になく、全くの初心者。同じく、うちの奥さんもそうでした。だから、最初はその家族と一緒に行ければよかったんだけど、なかなかお互いの予定が合わなくて。とりあえず、どんなキャンプ場がよくて、何を持って行けばいいのかなど情報をいろいろ聞いたうえで、とにかく食材だけ持って行けばＯＫという、テントやコンロがレンタルで備え付けてあるキャンプ場に行くことにしました。キャンプって、道具を揃えなければいけないというハードルの高さがありますが、こうしてレンタルができるなら、お試しのような感覚で気軽に始められるな、と思ったんです。

　子どもたちもキャンプを楽しみにしていたものの、なにせ普段は自然と縁遠い生活をしていて、虫が苦手だし、川遊びをしても魚を触ることすらできない。キャンプでどんな反応をするのか少し不安もありましたが、いざ行ってみたら芝生の上を元気に駆け回ること(笑)。街中では車が危なかったり、そもそもそんなふうに駆け回るスペースもなかったりするので、子どもたちにとってはストレス発散になるのでしょうか。僕も、自然が多くて、空気の良い場所は好きなので、いい気分転換になると感じたんです。すぐに「これは今後も続けたい」と思って、2回目からは、テントやコンロなど必要な道具を一式揃えて、本格的に行くようになりました。

　奥さんはというと、最初はあまり乗り気ではなかったんです。キレイ好きだし、虫がダメなので(笑)。でも、女性はやっぱり男親以上に、〝子どものため〟という思いが強い。子どもたちが伸び伸びと遊ぶ姿を見ていたら、自分の苦手意識はさておき、キャンプはいいものだと思うようになったようです。それに、当時の名古屋グランパスのチームメイトで、同じくらいの年齢の子どもがいる家族も巻き込んで、一緒に行くようになったことも大きかった。大人数だとまた賑やかで、みんなが楽しそうにしているから、奥さんも余計にはまっていったみたいですね。

　キャンプは泊まりがけなので、子どもたちと休みが2日以上合った時にだけ行ける、家族の楽しみ。本当は旅行もしたいんですけど、そうなるともっと日数が必要になってくるし、移動に時間もかかって、なかなか難しい。となると、やっぱり車移動2時間くらいで非日常が味わえるキャンプがちょうどいいんですよね。愛知県内はもちろん、長野とか岐阜とか、いろんなキャンプ場に行きますよ。選ぶポイントとしては、単に泊まるだけではなく、アスレチックとか子どもが遊べる施設や温泉が近くにあるところ。夕飯を作るのが面倒な時は、周辺のレストランで済ませることも。キャンプだからといってあまり気負わず、できる範囲でやっていることも、楽しく長続きしている理由だと思います。そういえば以前、レトルトカレーにある隠し味を入れるとおいしくなるとテレビで見て、張り切って試してみたんですけど、出来上がりの味はイマイチで…。そんな失敗も、外で作って食べると子どもたちも喜んでくれて、いい思い出に。

僕は普段、子どもと過ごす時間があまり取れないのですが、キャンプではずっと一緒。小さい頃は魚に触ることもできなかったのに、いつの間にか魚を獲れるようになっていた、なんて嬉しい発見もあります。上の2人はサッカーをやっていて、それぞれ合宿に行ったりもするので、僕の知らないところで、彼らなりにいろいろ経験しているんでしょうね。ただ、僕からすると、まだまだ無邪気な子どもの盛り。キャンプではほとんど手伝いもせず、ひたすら遊んでいます（笑）。その間、親はテントを立てたり、コンロに火を入れたり、食事の用意をしたりと大忙し。子どもたちはそんな状況にもお構いなしで、「一緒に遊ぼう」と言ってくるので、「ちょっと待っとけ」なんて言いながら、準備をしたり、遊んだり、ガチャガチャしています。

重い荷物を持つのも僕の担当なので、キャンプから帰ってくると正直ぐったり。休みで行ったはずなのに、余計に疲れます（笑）。それでも子どもたちや奥さんの「また行きたい」という声を聞くと応えたくなるし、僕自身、家族とワイワイやったり、外でお酒を飲んだり、いい気分になってそのままテントで寝転んだりするのが好きなので、キャンプは家族で行く、ちょうどいいアクティビティのように思います。最近は子どものサッカーが忙しくて、以前のように休みを合わせることが難しくなってきましたが、またタイミングをみて、みんなで行きたいですね。

監修○大野八生さん
造園家、イラストレーター。祖父の影響で幼少期から植物に親しむ。著書に『盆栽えほん』(あすなろ書房)ほか。

樹《き》ずかん

観察する樹を決めたら、葉っぱの形や色、樹の模様(樹はだ)に注目してみて。森の樹は長い年月をかけて一人前になり、大きな樹の中には樹齢100年以上のものも。切りかぶを見つけたら、樹の年齢を調べてみるのも面白い。

秋になると色が変わる葉も

ペタンコの葉だけでなく、マツのような尖った葉も探してみて。緑の葉を一年中つけている樹(常緑樹)、赤、黄、オレンジなどに紅葉して葉が落ちる樹(落葉樹)もある。

樹はだの模様を紙にうつしてみよう

どんぐりのクヌギの樹はだは厚くてゴツゴツ、コナラは縦に裂け目がある。樹はだがつるつるの樹もある。樹はだに薄い紙をあてて鉛筆でこすって模様をとってみよう。

切りかぶを探して“年輪”を数えよう

切りかぶを見つけたら年輪が刻まれていること、数えると樹の年齢がわかることを教えてあげて。樹齢を調べたら同じ種類の樹と太さを比べてみて。太いほうが年上。

子どもは葉っぱや樹の枝、樹の実を拾うのが大好き。どんな樹から落ちたのかな？
まわりにある樹を一緒に観察してみよう。秋はどんぐり比べもおすすめ！

シラカシ

たまご型のどんぐり。帽子は深めで横のシマシマ模様がくっきり入っている。西日本はアラカシ（同じカシの仲間）が多い。

マテバシイ

ロケットのような細長い形で表面は少し白っぽい。皮をむくとそのまま食べることもできる。帽子にはうろこ状の模様がある。

いろんなどんぐりを見つけよう！

“どんぐり”はブナ科の樹の実の総称で日本には20種類ほどが自生している。実、葉、帽子（殻斗）のセットでチェック。

コナラ

スマートな形のポピュラーなどんぐり。帽子は浅めでうろこ状の模様があり、葉っぱはたまご型。樹液はカブトムシたちの大好物。

クヌギ

だるまみたいに丸い形が目印。帽子は派手なイガイガ、葉は細長くてトゲトゲしている。昆虫はクヌギの樹の蜜も大好き。

スダジイ

しずく型のどんぐり。帽子にすっぽり包まれて成長し、熟すと帽子が割れて実が落ちる変わったタイプ。葉っぱは先端がギザギザ。

PHOTOSTORY

ぼくたちの大冒険！

テントやチェア、ランタンにコンテナ。
子どもたちの日常に
アウトドアグッズを取り入れよう。
キッズの想像力はぐんぐん羽を伸ばして……、
ファンタジックな冒険が始まります。

ぴんくの　いるかさんへ。
ごしょうたい　ありがとう。
すぐに いくから
まっててね。

PHOTOSTORY

おいっちに　おいっちに。
たからものを もって
しゅっぱつだよ。
わすれもの　ない？

ずかんで　しらべてみよう
あ・ま・ぞ・ん の いきもの。

PHOTOSTORY

ぴらにあ　つれたぁ。
ぼくは　わにを　つるぞ！

Celestino Piatti The Happy Owls

PHOTOSTORY

ふぁ〜。つかれた。
ちょっと　きゅうけい。

じゃんぐるにはね、
ぴかぴかのいしも　あるんだって。

きをつけて〜。
おちたら　わにに　たべられちゃう。

じゃんぐるの　おくで
もりの　せいれいに　あいました。
ぴんくいるかさんの
おうちは　どこですか？

ひみつの　テントで
ぴんくいるかさんに
やっと　あえた！
きょうは　とくべつ
よるに　なっても
いっぱい　おはなし　しよう。

PHOTOSTORY

PHOTOSTORY

おてがみが　あったよ。
オサキニ。
アサゴハン　ドウゾ　だって。
なんだか　ママのあじに
にているね。

そろそろ　おうちに　かえろっか。

\ Bye Bye! /

撮影協力◯マーキーズ／ユナイテッドアローズ
グリーンレーベル リラクシング／コンバース

▶P.116

4WAYウォータープルーフ ドライバッグ（M） ¥16,000

リュックやショルダー、ボストンなど、好みのスタイルで使える４ＷＡＹの多用途バッグ。中身に合わせてサイズ調整も自由自在に。TPU加工の防水素材で、水抜き・空気バルブ付き。320×200×570（h）mm　775g

▶P.108

（インナーテントのみ使用）

ランドブリーズ2
¥59,800

大きく開くパネルが特徴。マッドスカートも追加され、温度調整がより快適に。こちらは2人用。他に4人用、6人用が。インナーテントサイズ165×225×127（h）cm（収納時60×18×23（h）cm）※撮影ではインナーテントのみを使用。

▶P.119

ほおずき ゆき
¥9,800

風が吹くと灯りが揺らぐ「ゆらぎモード」に加え、辺りが静かになると光を抑える「おやすみモード」も搭載。味わいのあるほんわかとした灯り。専用の充電池パックにも対応。最大照度100lm　単三電池３本使用

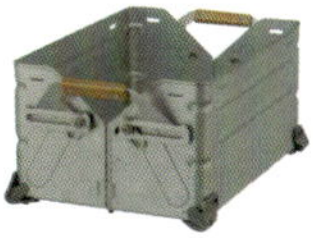

▶P.110

シェルフコンテナ25
¥9,600

頑丈なBOXとしても使え、広げて重ねると棚にもなる、変形するコンテナ。キャンプ場での持ち運びや収納はもちろん、自宅のインテリアにも馴染むデザイン性の高さが人気。520×325×210（h）mm　最積載重量20kg

▶P.120

スカイネスト
¥158,000

ハンギングスタイルの宙に浮かぶテント。体験したことのない開放的な空間に子どもも大人もテンションが上がります。樹木を守る保護シートやシューズポケットなど細やかな気遣いが随所に。110×220（h）cm（収納時140×40cm）

▶P.112

Take!チェア
¥11,800

すっぽり包まれるような安定感ある座り心地。使い込むほどに味の出る６号帆布は、取り外して洗濯機で洗える。竹とアルミを使った美しいフォルムで、インテリア性も抜群。550×630×750（h）mm（収納時100×150×980mm）

▶P.122

ワンアクション ちゃぶ台 竹 M ¥13,800

懐かしい団らんのシンボル、ちゃぶ台。テントの中や芝生の上で広げればアウトドアでもお茶の間気分に。キッズルームのインテリアにもぴったり。φ650×210（h）mm（収納時650×325×49mm）　3.8kg

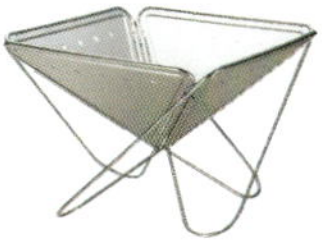

▶P.113

焚火台L
¥15,600

スノーピークが誇るシグネチャーアイテム。４枚の三角パネルを連結したシンプルで、頑丈な設計。焚火を存分に楽しもう。450×450×300（h）mm（収納時560×640×45mm）5.3kg

▶P.124

ジャンボ キャンプシンク
¥5,500

食材や飲み物、子どもの遊び道具、濡れた食器など、キャンプで散らかりがちな小物を何でも放り込んでおける便利なバケツ。水に強いPVCナイロン素材。コンパクトに折りたためるので荷物になりません。φ368×254mm　370ｇ

▶P.114

セパレートオフトン ワイド700 ¥44,800

コンパクトに収納できて、開くとふわふわ。掛け布団と敷き布団がファスナーで分かれる。キャンプのほか、来客用の替え布団としてなど、様々なシーンで活躍してくれそう。敷：105×210cm、掛：110×200cm（収納時φ20×48cm）

interview

アーバンガーデナー

齊藤太一さん

TAICHI SAITOU

「SOLSO architectural plant & farm」代表。インドアグリーンやランドスケープデザイン、ガーデンツールの開発などグリーンに関する仕事を幅広く手掛ける。2016年淡路島にキャンプ施設「GREEN'S FARMS」をオープンさせた。

自然の中で遊んだ経験が今の仕事につながっています。

僕が育ったのは、岩手県の自然豊かな場所。父は家に道具小屋を作るくらい釣りが好きで、幼い頃からしょっちゅう釣りについて行っていました。海に川に、湖。あらゆる種類の釣りを教えてもらい、小学生の頃にはテンカラという、毛針を使う比較的難しい釣りにも挑戦していました。中学生の頃には学校帰りに自転車こいで川に行き、毎日のように日が暮れるまで釣りをする。そんな少年時代でした。

キャンプにもよく行っていましたが、キャンプ自体を目的にして出かけることは少なかった。夏ならキス釣りのために海に出かけ、そのまま砂浜にテントを張り、夕飯にキスを食べて寝る。秋ならきのこ採りに出かけ、山でキャンプ。何か目的があって、そのためにキャンプをしていたんです。家族4人で行くこともありましたが、父と2人きりのことも多かったので、かなりワイルド。テントはあっても、ほとんど外で寝ていた気がします。そのほうが気持ちいいからって。かぎりなく野宿に近かったですね。一度、小学生の時に友だちと山に登って遭難しかけたことがあったんですが、日々父から釣りをしながら、自然の中でもしものことがあった時の対処法も聞かされていたので、焦ったものの、落ち着いて行動することができました。

高校生の時には山野草を採取してコレクションをしていた近所のおじさんに誘われて一緒に山に入り、植物の魅力にとりつかれました。それを機に造園に携わるようになり、今は農場を作ったり、幼稚園の園庭をディレクションするなど、植物に関わる様々な仕事をしています。今夏(2016年)には、念願だったキャンプ場を淡路島にオープンさせました。グリーンにまつわる仕事をするようになったのも、やはり育ってきた環境、そして親にいろんなアウトドア経験をさせてもらったことが大きく影響していると思います。

僕の子どもは3歳&0歳とまだ小さいで

すが、淡路島のキャンプ場には準備段階から何度も連れて行っています。一日中外で遊び回って、ＢＢＱをして、暗くなったら望遠鏡で星を眺めて。淡路島に行けばそんな毎日ですから、３歳の長男の輝きといったらすごいですよ。東京にいる時とは目が違うし、性格まで変わってきます。元々内気な子なんですが、淡路島に行くようになってから声が大きくなり、挨拶も積極的にできるようになりました。東京では外に出てもすぐ道路があるし、住宅がたくさんあるので大きな声が出せない。でも田舎ではひたすら走り回れるし、大きな声も出し放題。息子はアリもダンゴムシも触れなかったのに、今じゃ「カブトムシ獲ったよー」って喜んでいます。

　キャンプ場は、子どもにとって環境すべてがおもちゃみたいなもの。木の枝を集めたり、葉っぱを踏んで遊んだり。遊び道具になるものをたくさん見つけてきます。この前２週間淡路島で過ごしたら、息子は最後にはもう、遊ぶことに飽きたよう。「ぼく、仕事したい！」と言っていましたよ（笑）。それで見よう見まねで畑仕事を手伝ってくれたりして。僕ら親も「こんな子だったっけ！」と驚くほど。やはり自然は、子どものポテンシャルを引き出してくれるのだと日々実感しています。

　東京にいると、親は忙しいからついつい「早く起きなさい」「もう寝なさい」って、子どもに対して時間のことで怒ることが多いと思うんです。でも子どもって大人ほど時間の感覚がない。だからなぜ急がないといけないのか、わかっていなかったりするんですよね。でも自然の中で過ごしていると、時間の感覚が理解しやすいみたいです。朝はニワトリの鳴き声と眩しい太陽の日差しに起こされて、夜は暗くなってしばらくすると何も言わなくても眠くなる。子どもは自分のリズムで時間を理解し、それに沿って生活することができる。そうなれば、親もゆったり過ごすことができ、いつもとは違う親子のコミュニケーションも生まれます。

　自分の子どもを自然の中で育てるか、都市

部で育てるか、迷っていたこともあったんです。その迷いに対して僕が出した今のところの答えは、どちらにも行ける選択肢を持たせてあげよう、ということ。僕は田舎の素晴らしさを知っているけれど、東京でしか得られない感動や経験が多いこともわかっています。でも、都会に生まれたら、都会で生涯過ごすのが当たり前だと思っている人も多い。それではなんだか寂しい気がするんですよね。我が家は今淡路島と東京を行ったり来たりしている生活ですから、このまま続けていれば子どもたちが将来どんなところに住むことを選んでも不思議ではない。二拠点生活は誰もができることではないけれど、時々キャンプに行って、自然に身を置く気持ちよさを教えてあげるだけでも意味があるはず。人生は一度きりですから。小さいうちから都会と田舎のいろんな側面を見せて、子どもたちが、自分にとって心地いいところを、選んで生きていけるようになってもらえたらいいですよね。

　太陽が沈み、また昇るという地球の動きを五感で感じられるのは、キャンプならではの体験。一日中家族と一緒にいられるのもまた特別なことです。見たもの聞いたものをスポンジのように吸収する幼少期にこそ、たくさん連れて行ってあげたいと思います。小さな子とキャンプというと大変だと思いがちですが、もしかすると日常のせかせかした時間から離れてみれば、大抵のことは大変だなんて思わないのかもしれない。僕がキャンプ場に淡路島を選んだのは、育てたい植物がその土地に合っているから、という理由のほかに、自分がオフになれる場所だから、というのもあったんです。東京から離れているから、仕事のこと、都会での生活のことを忘れられる。そしたら、家族としっかり向き合うこともできます。

　東京に帰ってきてからも「今日の月はどんなカタチ？」「おひさまいなくなったから、夜だね」なんて言っている息子を見ると、嬉しくなりますね。僕の子どもたちは、これからどんなふうに自然と関わっていくんだろう。楽しみながら見守ろうと思っています。

コンパクトストーブのパイオニアとして、1998年の発売以来のロングセラー。トレックコンボ(P.142)をはじめとするクッカーにもすっぽり収まる。φ106×67.5mm 88g 出力：2500kcal／h ¥4,500

CAMP ITEM CATALOGUE 12

いざというときにも心強い！

子育て家庭に揃えておきたいキャンプアイテム12

文夫で機能的、コンパクトなキャンプ道具は、
防災アイテムとしても大活躍！
ふだんからアウトドアで楽しく使って
慣れておけば、いざというときにも安心です。

火力が強くてコンパクトなロングセラー製品。

GigaPower Stove “Chi”

ギガパワーストーブ 地

ガスカートリッジに装着して使う、小型のストーブ。わずか7cm足らず、畳むと手のひらに収まる小ささながらパワーは強力。「お湯を沸かしたり簡単な調理をしたりと、幅広く使えます。温かいものが欲しいという防災シーンでも重宝しますよ」（スノーピーク昭島アウトドアヴィレッジ店店長・永松悠佑さん）

Amenity Dome M

アメニティドーム M

初心者でもラクラク設営できる!

キャンプは初めてという人のためのエントリーモデルシリーズ。「フレームの先端と、それを通すスリーブがわかりやすく色分けされていて、簡単に立てられます」。Mサイズは大人2人と子ども2人にちょうどよい大きさ。張るのに必要なスペースは約5×3mとコンパクト、災害時の避難先としても活躍必至。

エントリーモデルながらフロントパネルと入り口の間にスペースを確保してあり出入りしやすい。軽くて弾力性のあるフレームと低めの設計で、風への耐性も十分。キャリーバッグサイズ:74×22×25(h)cm 8kg ¥32,800

4人家族なら、2〜3枚をつなげて使っても。収納ケースの口をバルブにつなげ、歯磨きのチューブを絞るように畳んでいくと空気が入れられるシステムも画期的。198×77×5(h)cm 収納サイズ：φ18×85cm ¥20,800

Camping Mat 2.0w

キャンピングマット 2.0 w

寝心地のいいマットは、空気注入も簡単。

高いクッション性を備える、スノーピークのキャンピングマット。「空気だけで膨らませるタイプに比べて体が弾まず、寝心地がいいのが特徴です」。幅が広めの上、連結して使えるのもポイント。キャンプでもいざという場面でも、睡眠はしっかり取りたいもの。快眠を約束してくれるこんなアイテムを選びたい！

Separate Ofuton 600

セパレートオフトン 600

—

上下に分かれる、新発想の快適シュラフ。

両サイドのファスナーで、“掛け”と“敷き”ふとんにセパレートが可能。「暑いときは横向きにかけて使ったりと体温調整がしやすく、子どもにもおすすめ」。山岳用のシュラフに比べると少々かさばるけれど、「寝心地は抜群。寒いときはファスナーを閉めればOK。四季を通じて、防災アイテムとしても活躍します」

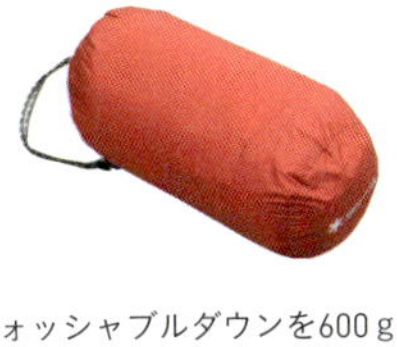

ウォッシャブルダウンを600g使用し、快適な寝心地。オフトンシリーズの中ではもっとも軽量で、畳めば大きめの枕くらいの大きさに。80×210cm（敷）、86×200cm（掛）収納サイズφ20×40cm 1,700g ¥39,800

snow peak
outdoor lifestyle creator
since1958
snow peak
outdoor lifestyle creator
since1958

5

Jumbo Camp Sink
ジャンボキャンプシンク

Camp Bucket
キャンプバケツ

畳んでしまえるコンパクトな万能バケツ。

川での水遊びや食器を洗い場に運ぶときなど、キャンプのさまざまなシーンで役立つバケツ。「おうちでも、ガーデニング用品を入れたり、洗濯かご代わりにしたりと、アイデア次第でいろいろ使えます。大容量で、いざというときに水を溜めておくのにも重宝。使わないときはコンパクトに畳んでしまっておけます」

右・何でも入れられる大容量。氷を詰めて、飲み物を冷やしても。ジャンボキャンプシンク φ368×254mm 25ℓ ¥5,500　左・片手で気軽に持ち運べる軽量さが魅力。キャンプバケツ φ241×267mm 12ℓ ¥3,500

6

Peg Hammer Pro.C

ペグハンマー Pro.C

—

シンプルな形の中に使いやすさを凝縮。

テントやタープを固定する「ペグ」を打つためのハンマー。先端が銅でできていて、硬いものを打っても衝撃を吸収しやすく、使いやすい。ハンマーの反対側は鋳型から一体のフックとホールになっていて、ペグ抜きが簡単にできる。「使い勝手がよく、丈夫。防災シーンでも、1本あると何かと便利です」

スノーピーク製の頑強なペグ「ソリッドステーク」を打つために作られたハンマー。テープを手首に通し、上から握って使うことで、すっぽ抜けを防止。使い込んでヘッド部分が減ったときは交換できる（別売）。670g ¥6,200

7

Polypro Rope Pro.

ポリプロロープPro. 4mm10mカット

丈夫で細いロープが1本あると安心。

「タープやテントをつなぎ止めておくためのロープですが、予備として1本持っておくと、その他のことにもいろいろ使えて便利です」。輪を作ってランタンをぶら下げるのに使ったり、木と木の間に渡して簡単な物干し場を作ったり。こうした知恵は、災害時に限られた場所で暮らすときにも役立つはず。

軽量で丈夫、長さを調整するための「自在」の食いつきがいいロープ。薪などをしばって運んだり、川で遊ぶときに子どものおもちゃに結んでおくなど、いろいろ使える。φ4mm×10m ¥700

8

4Way Waterproof Dry Bag (M)

4WAY ウォータープルーフドライバッグ（M）

しなやかな防水バッグは、持ち出し袋に◎。

持ち出し袋としても活躍してくれるのが、この防水バッグ。「タオルや着替え、バーナーなど、水に濡らしたくないアイテムもこうしたバッグに入れておけば安心です」。反対に濡れた服などを隔離しておくのにも便利。「下にバルブが付いていて、溜まった水や空気を簡単に抜くことができる仕様になっています」

強靭さと柔軟さを併せ持つ、防水加工済みの素材。背負うだけでなくショルダーやボストンバッグなどとしても使える。ロールトップは、内容量に合わせて調整OK。
320×200×570（h）mm 37l　¥16,000

大きさの違うアルミ製のフライパンと深型クッカーが2つずつ。すべてきれいにスタッキングでき、コンパクトに収納可。中にギガパワーバーナーとガスカートリッジ(250)を入れられる。収納サイズ:φ150×150mm 555g ¥4,000

Trek Combo

トレックコンボ

—

バーナーも入れられる優秀セット。

キャンプ場での簡単なクッキングに役立つのはもちろん、「いざというときもこうした鍋のセットがひと組あるだけで、温かい食べ物を手軽に取ることができます。軽量化をはかったチタン製もありますが、ファミリーがキャンプ場や自宅で使うなら、熱伝導がよく価格も手頃なこのアルミ製がおすすめです」。

Tableware Set L Duo

テーブルウェアーセット L デュオ

—

薄く軽量で、錆びにくいステンレス製。大小4種の器を重ねて、オールインワンで持ち運べる。プレートL：φ212×18mm、ディッシュ：φ209×40mm、ボールL：φ180×46mm、ボールM：φ141×53mm 2組セットで 880g ¥7,500

4種の器をコンパクトに持ち運べる！

軽い、割れない、シンプルで機能的。子どもとのキャンプでも心強いのが、ステンレス製の食器類。「こちらは2人用のセットですが、いざというときには、4人家族でもこれが1セットあれば十分役に立ちます」。使いやすい4種の器のセットは、すべてきれいに重ねられ、コンパクトに収納できるところも魅力。

11

Rain&Wind Resistant Poncho

レイン&ウィンド レジスタント ポンチョ

雨や風対策に、薄くても頼もしい一枚。

気温が変わりやすいアウトドアで重宝する、薄手のアウター。雨をはじく機能のほか、「注目したいのが防風効果。風が当たると体感温度はそれだけで2～3度下がるので、薄くても風を通さないウェアは必須です」。畳めばポケット部分に収納できて、コンパクトに。持ち出し袋にもひとつ入れておくと安心です。

ゆったりとしたシルエットで、厚手のインナーの上にも着やすい。耐久撥水加工をほどこした、ナイロン製。カラー:右・ネイビー、左・ホワイト 各¥24,000

12

Hozuki "MORI"

ほおずき もり

2ウェイで使える、優しい光のランタン。

吊り下げるだけでなく、フックを土台にして置いて使うことができるランタン。「LEDなので、屋外はもちろん、ガスが使えないテントの中の灯りとしても大活躍です」。コードの長さが調節できるので、短めにしてポケットからぶら下げても。大きなボタンがわかりやすく、子どもにも使いやすい！

専用の充電池パックにも対応するLEDランタン。ろうそくの炎のように風に反応して光が揺れる「ゆらぎモード」と、静かになると薄明かりになる「おやすみモード」で、夜の空間をロマンチックに演出。本体部分：φ107×87mm ¥9,800

interview

モデル

AYUMIさん

『non-no』の専属モデルとしてデビュー。フォトグラファーのだんなさんと10歳・4年生男子、6歳・1年生女子の4人家族。キャンプ歴は7年。料理上手としても知られていて、2015年には『AYUMIのアウトドアクッキング』を出版。

あんまり無理しすぎないで、余力のある範囲で楽しんでいます。

初めて家族でキャンプに出かけたのは、お兄ちゃんが3歳。下の子は0歳で、まだエルゴで抱っこしてました。その2年前ぐらいから、だんなさんに「テント買っていい?」って言われ続けてて、私は「いやいやいや、泊まるのは宿でいいでしょ」って感じだったんですが、もうずーっと言われるから(笑)。その年のだんなさんの誕生日に「じゃあいいよ」って。誕生日だから買っていいよって言ったんです。プレゼントしたんじゃなくて許可しただけ。よく考えるとひどい話ですね(笑)。

そうして初めてキャンプしたのが、なんと四国。元々遊びに行く予定があって、宿にも泊まったんですけれど、テントを買ってすぐだったので、「向こうでできたらいいね」なんて言って一応テントも積んで、現地でキャンプ場を探して。今となっては、初めてだから、知らないからできたのかな、と思います。で、そのキャンプが、すごく気持ちよくて。私は18歳まで十勝で育ったのですが、十勝は何かっていうと外でジンギスカン、みたいな土地柄。アウトドアがごく身近にありました。そのときの感覚、心地よさを、キャンプで思い出したんです。ちなみにそのキャンプでは、テントも全開にして、子どもたちも早々に寝て、気持ちいいね〜って過ごしてたら、ブヨが中に入ってて…。次の日子どもたちの服から出てるところが全部刺されてパンパンになって、大変なことになりました。テントを全開にして寝たらだめ、メッシュをかけなきゃいけないっていうことすら知らないまま始まったキャンプだったんです。それがこんなに続くのですから、面白いですね。

結婚前も、狭いベランダでBBQをしたり、自然を求めてという意味では温泉も好きで、子どもが生まれてからもお休みの日には温泉へ行ったりしていましたが、たとえば温泉宿でも、廊下は走っちゃだめ、とか、ごはんの時間だからそろそろ、とか、気をつかわなきゃいけないことがいっぱいありますよね。その点キャンプは、ごはん時間も自由だし、いま動き回りたい子どもたちをそのまんま遊ばせてあげられる。これは子どもにとってすごくいい時間だな〜と感じます。

　子どもたちは、キャンプ場に着いた瞬間から近くにはいません。ず〜っと遊んでるんです。遊び道具も特にないのに、草をむしってちぎったり、石をずっと重ねたり、バッタを何十匹も袋に入れてきたり……。いろんな遊びを次々に見つけてキャーキャー言って楽しんでます。テント立てるのとか、荷物運ぶのとか、もうちょっとお手伝いしてくれてもいいんじゃないの?って思うけど(笑)。よっぽど楽しいんだろうし、もうそれはそれでいいかな。娘も、最初はぱたぱたしてる虫とか、ライトに群がっている虫を見て、「わー怖いー」ってなってたけど、それも見慣れたら当たり前になっていって。逆にライト使ってかぶとむし探そうとしたりとか。帰るころにはへっちゃらになっていますね。

　私は十勝で育ったから、草もだいたいなんの種類かわかるし、畑を見ても何を育てているかわかる。でも先日、北海道を旅行したとき、畑を見て子どもたちが「これがなんでじゃがいもなの? どこになってるの?」って。そりゃわかんないよねー、と思いました。私は知っているのが当たり前で育ったけれど、今はもう、どっちが当たり前なのか、わからないですね。キャンプに何年か行ってると、気温も違うし、星も見えるときと見えないときがある。寒い時期、厚着しながら「やばいよねこの時期、空気がもうやばくない?」ってお兄ちゃんが言ってて、あぁちゃんと季節を感じてるんだなー、と思います。

　私自身は、アウトドアでひたすら癒されています。最初は嫌だった雨でさえ、気持ちいい(笑)。雨の音が心地よくて、今日はテントの中でゆっくり過ごそう、みたいな。浄化されていくような感覚がありますね。そもそもお母さんって、家にいたら絶対やることがありません? 昼寝とか、ちょっと座ってお茶とか、そういうこともなかなかゆっくりできませんよね。そのときやらないにしても、気になることが常にある。それがキャンプ場に場所を移したら、やることっていったらごはんの準備ぐらいしかなくて。お酒飲む人だったらお酒飲んで、だんなさんや友だちとゆっくりできたり、子どもたちと遊べたり。余計なものが何もなく、密度の濃い家族時間を過ごせている感じがします。その一方で、ひとりで過ごす時間もまたよくて。ゆっくり周囲を散歩したり、敷物を敷いて大の字になって寝てみたり。自然の中で静かに過ごすって、東京で過ごしている私にはない時間だから。

　最初は料理を頑張りすぎちゃって、準備して向こうでずっとごはん支度して帰ってきてぐったり、みたいなこともありましたが、それも、行くうちにバランスを取れるようになりました。例えば自分が忙しい時期の合間に出かけるときは、手抜きキャンプと決めるんです。焼くだけの料理とか、近くで外食したり。行く前の準備とか帰宅後の洗濯とか、確かに大変ですが…、意外に慣れます（笑）。

　最近はお兄ちゃんも小4で忙しくなって、1泊で出かけるのも難しくなってきたので、日帰りで行ける低山登山も始めました。「下の子の足に合わせて」なんて言ってたけれど、私だけがゼーゼー言って汗もぼとぼとかいちゃってます（笑）。余力がないときは、家の庭でBBQとかでも十分楽しいですよね。そのときそのときの子どもや家族のペースに合わせて、これからもアウトドアを楽しんでいければいいなと思っています。

低山登山は始めて1年半くらい。山は足場がいろいろで、次ここに足をかけて、とかこっちは滑るな、とか。五感をフルに使います。

監修○長野修平さん
ネイチャークラフト作家。神奈川で里山暮らしをしながらアトリエ『NATURE WORKS』を主催。親子キャンプ歴14年。

OUTDOOR

あそび
遊
ずかん

キャンプ場は自然の素材の宝庫。まずは「拾う」ことからはじめて、「作る」「遊ぶ」に発展させよう。花を見つけたらテーブルに飾ってカフェごっこ。石を重ねてストーンアート。シンプルな遊びでも子どもの感性に驚くことがいっぱい。

並べて楽しい フィールドアート

地面をキャンバスにして絵を描いてみよう。素材は石ころ、葉っぱ、枝などなんでもあり。同じ素材を標本みたいに並べるのもユニーク。毎回、スマホで写真に撮っておけば子どもの成長もわかるアート作品集になる。

松ぼっくりの タープころがし

松ぼっくりをタープに投げて、転がり落ちるところを袋でキャッチ。誰がいちばんたくさん集められるかな？　タープに袋を結びつけて松ぼっくりの玉入れも盛り上がる。松ぼっくりがなければ葉っぱを集めて玉を作ろう。

キャンプ場ではまわりにあるものが何でも遊び道具になる。
少しヒントをあげれば、子どもたちで楽しい世界をどんどん広げてくれるはず。

ペットボトル水中メガネ

水辺では水の中も観察してみて。底が平らなペットボトル（2ℓがいい）でのぞくと、ゆらゆら揺れる水草や小さな魚など、水面からは見えないものに出会える。片目で見るのが苦手な子は小さいボトルを２本使ってみて。

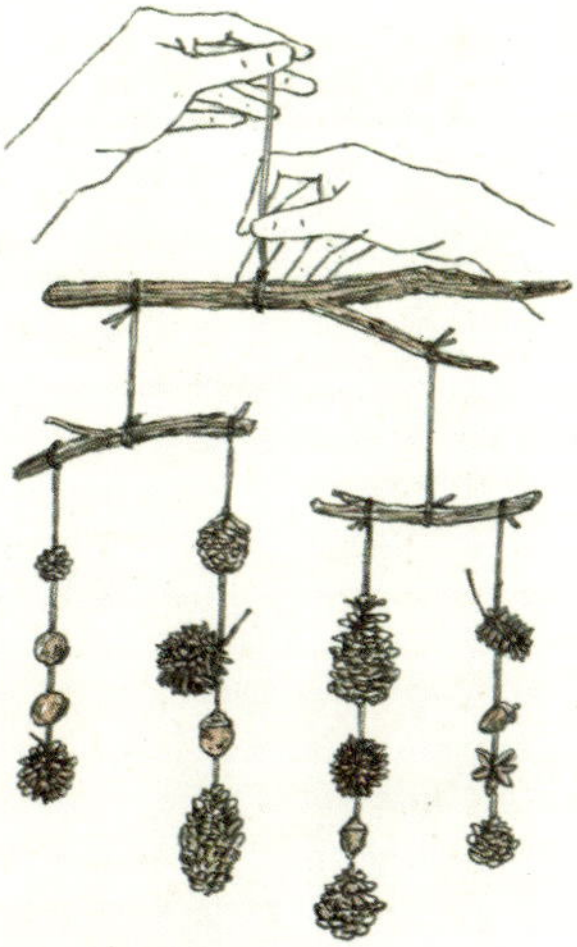

親子で作る森のモビール

葉っぱ、枝、木の実などでモビール作りに挑戦！　左右の重さのバランスをみながら、下段から作っていくのがコツ。海の近くなら貝殻やビーチグラス、流木を使うのもおすすめ。事前にタコ糸と接着剤を準備しておこう。

クレヨンと同じ色さがし

まず好きな色のクレヨンを画用紙に塗ってカラーチャートを作り（家で準備してもいい）、キャンプ場で同じ色のものを探してみよう。緑色や茶色のものはたくさんあるから色のグラデーションを作っておくと微妙な違いも楽しめる。

INDOOR

あそび

遊ずかん

夜は、森で拾った木の実を使ってゲームをしてみよう。どんぐりに目玉シールを貼ってヘン顔を競うのも面白い。雨の日は、テントの入り口に器を並べて雨音比べもおすすめ。体を使う遊びで発散させてあげるのも忘れないで。

どんぐりの神経衰弱

拾ったどんぐりに、マジックで数字を書き込んでトランプの代わりに神経衰弱。いろんな形があるほど面白い。小さい子はポスカで色を描き入れて、色合わせにするのもおすすめ。転がりやすいのでマットの上に置くといい。

テントで風船パラダイス

テントの中をバルーンルームにしちゃおう。カラフルなゴム風船をいくつも膨らませて飛ばすと大興奮。風船がすぐに跳ね返ってくるから小さなテントほど盛り上がる。うちわを使って風船バドミントンもやってみて。

もしかしたら、子どもはまだまだ外で遊びたいかも。でも、テントの中も
楽しい遊び場になることを教えてあげたい。木の実や夜の暗さを利用して、ほら!

影絵あそび

夜、小さな明かりだけにするとテントに影がくっきり。「キツネくんが遊びに来たよ」とシアター気分で影絵を楽しんで。親指に中指と薬指を合わせるとキツネ。両手を交差させると鳥、右手を開いて上から左手を重ねると犬。

寝袋イモムシ

寝袋で遊べるのはキャンプならでは。すっぽり入って歌に合わせてくねくねしたり、誰が一番早く立ち上がれるか競争したり。下にマットを敷いていれば転んでも痛くない。マミー型の寝袋を使うとイモムシ感アップ。

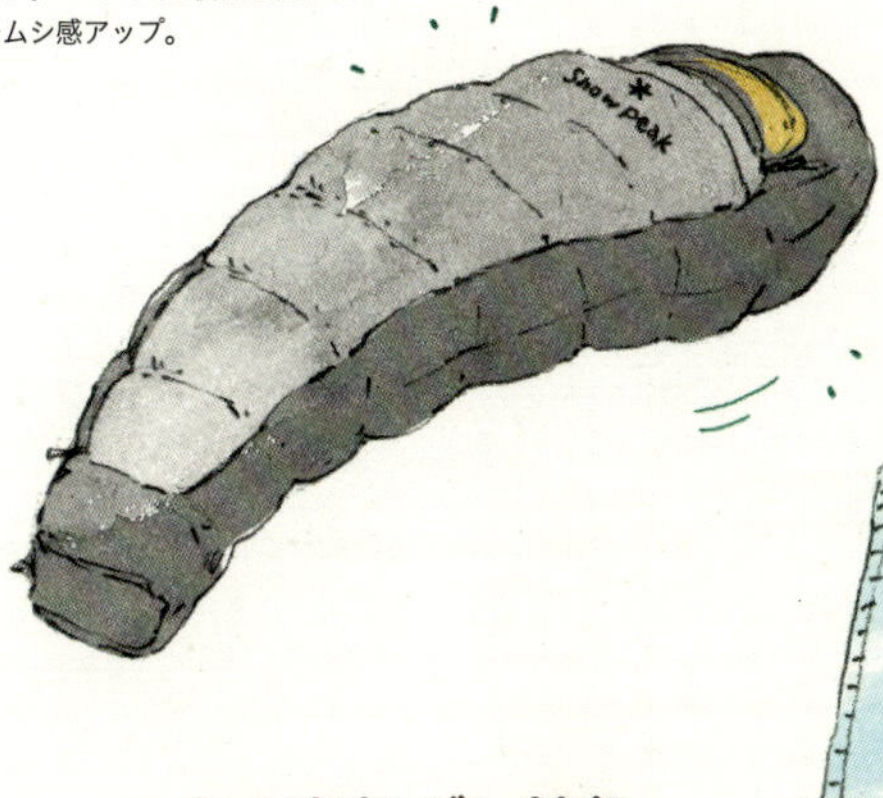

木の実転がし競争

絵入りの大判タオルなどを広げ、点数を決めたら（たとえばウサギは２点、土星は５点など）ゲームスタート。拾った木の実を転がして、止まった場所の点を競う。木の実は意外な方向にコロコロ転がって大人もエキサイト。

‖ビギナー家族におすすめ‖

キャンプデビューはココで！

※キャンプ場の料金は、すべて税抜で表示しています。

CAMP SITE 1

スノーピーク Headquarters キャンプフィールド

初心者も安心して自然を満喫できる

スノーピークの本社に隣接したフリーサイトのキャンプ場。自然の地形を生かした5万坪もの敷地には、広々とした芝生広場や涼しい林間サイトが。好みの場所でゆったりキャンプを楽しめます。初心者には熟練スタッフによるキャンプ指導も。敷地内にストアもあるので忘れ物をしても安心。レンタルもあります。

❶

❷

❸

❶ 周囲を気にしなくていい広々したキャンプサイト。❷ 炊事棟。温水の出る洗い場、温水洗浄付き水洗トイレが嬉しい。❸ コインシャワー・ランドリー完備なので長期滞在でも快適。

‖ CAMP DATA ‖

㊒新潟県三条市中野原456　Tel.0256-41-2222　㊑大人¥1,389 〜/ 子ども ¥463〜(季節により異なる)　http://store.snowpeak.co.jp/camp/

小高い丘にあるので、周囲からの光が入り込まず、夜は降るような星空を楽しめる。傾斜を使った丘滑りにキッズ大興奮！

標高950m、涼しくて眺めのいい天空のキャンプ場。

CAMP SITE 2

スノーピーク奥日田キャンプフィールド

一区画ごとに電源と水道が！

2015年にオープン。標高950mに位置し、夏でも涼しく過ごせます。高原ならではの空気とキレイな星空が最大の魅力。フリーオートサイトと30区画のオートサイトがあり、広めの区画サイトには、各区画に水道、電源が付いているので初心者にもおすすめ。ふかふかの芝生が快適。オンシーズンには大浴場もオープン。

❶ 芝生のフィールドは柔らかく、快適。❷ 敷地内にはスノーピークの全製品を扱うストアも。❸ 初心者からベテランまで楽しめるキャンプフィールド。

‖ CAMP DATA ‖

㊫大分県日田市前津江町大野64-1　Tel.0973-53-2358　㊙オート1区画￥3,500〜、フリーサイト￥1,500〜　http://sbs.snowpeak.co.jp/okuhita/

CAMP SITE 3

スノーピーク箕面キャンプフィールド

カヌーも楽しめる湖畔のキャンプ場

もともとの棚田の跡や自然の地形を生かしたダム湖湖畔の自然豊かなキャンプ場。スタッフが、テントの張り方や製品の使い方などを教えてくれるので初心者でも安心。近くにある「自然館」にはスノーピークの全製品を扱うストアがあり、レンタル品の貸し出しも行っているほか、地元の特産品も購入可能。

❶ キャンプサイトは1区画約144m^{2}と広め。90区画のうち20区画にはAC電源付き。❷ 木の香りが漂う温座洋式トイレ。❸ スノーピークのストアでは薪などの消耗品も購入できます。

CAMP DATA

㊒大阪府箕面市下止々呂美962　Tel.072-732-2588　㊕￥4,630～(季節により異なる)
http://sbs.snowpeak.co.jp/minoh/

落葉樹に囲まれ、新緑や紅葉など四季折々の変化が楽しめます。

❶ 釣池の向こうに見えるのは乗鞍岳。池で釣れた魚は塩焼きにして。❷ ログハウスタイプのバンガローは5人で¥6,185〜。キャンプ用品レンタル付きの「手ぶらセット」もあり。❸ 白樺林に囲まれたテントサイト。

CAMP SITE 4

高ソメキャンプ場

乗鞍岳の麓、白樺林が美しい

北

アルプスの勇壮な眺めが美しい標高約1,250mのキャンプ場。白樺林に囲まれたサイトは起伏に富み、場所ごとに違った趣が。敷地内の釣池ではニジマスやイワナ釣りが楽しめます。歩いて10分ほどのところにある天文台で星の観測もおすすめ。

‖ CAMP DATA ‖

㊊長野県松本市奈川2212-16　Tel.0263-79-2919　㊕大人¥1,426　子ども(3歳以上小学生以下)¥472　http://nagawa-sinko.jp/wp/

❶

2

3

❶ セットアップテントサイトはウッドデッキの上にあらかじめテントが設置されている。レンタル、手ぶらキャンプセットもあり。❷ シルバニアファミリーの実物大のコテージ。❸ 設備が整ったシンプルなコテージ。

CAMP SITE 5

キャンピカ富士ぐりんぱ

富士山2合目の豊かな自然が魅力

富士山が目の前という最高のロケーション。初心者向けに、あらかじめテントが設置されたセットアップテントサイトや、設備の整ったトレーラーコテージも充実しています。隣接する遊園地「ぐりんぱ」には、巨大迷路やアスレチックが。

CAMP DATA

㊒静岡県裾野市須山字藤原2427　Tel.055-30-4580　㊕テントサイト1区画3〜4名￥2,593〜（人数、季節により異なる）　http://www.pica-resort.jp/campica-fuji/

❶天然の清流で川遊び。浅いので安心です。❷敷地内のさかさ川でイワナ釣りが楽しめる（入漁券 ¥926が必要）。❸背景には戸隠連峰。手ぶらセットは¥16,667〜。❹うさぎやヤギと遊べるふれあい牧場は子どもたちに大人気（入場料小学生以上¥185）。❺ふれあい牧場ではポニーの乗馬体験もできます（4歳〜小学生 ¥926/回）。

CAMP SITE 6

戸隠キャンプ場

小川のせせらぎに癒やされる

長野県と新潟県にまたがる戸隠連峰のすそ野にある、白樺やミズナラの林に囲まれた標高約1,200mの広大なキャンプ場。車350台が収容可能なフリーサイトや、電源と水道付きの区画サイトが。川遊びのできる小川や動物とふれあえる牧場も楽しい。

CAMP DATA

㊖長野県長野市戸隠3694　Tel.026-254-3581　㊑フリーオートサイト ¥2,778〜（季節により異なる） http://www.togakusi.com/camp/

キャンプデビューなら水回りをCheck!

□ 炊事場が美しい

野外料理は、キャンプの大きな楽しみのひとつ。キレイで快適な炊事場だとテンションもあがります。電源やガスコンロを完備、温水が出るキャンプ場もあります。温水は、とくに春先や秋口には嬉しい。テントは炊事場の近くに設営すると楽ですよ。

□ トイレが洋式

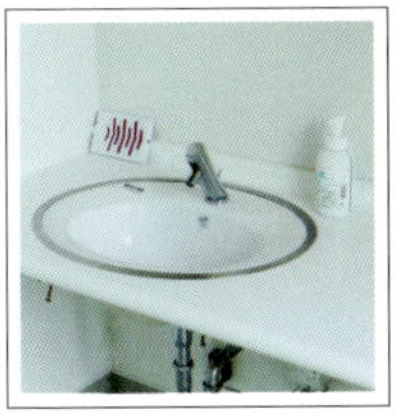

ファミリーキャンプでは絶対にはずせないのが、“キレイ”で“怖くない”トイレ。最近は、水洗トイレは当たり前。洋式、温便座、温水洗浄器付きのトイレ、多目的トイレを備えたキャンプ場も増えています。清潔な洗面台もママには嬉しいポイント。

□ シャワールーム＆コインランドリーがある

昼間思い切り遊んだら、汚れた服を洗って、シャワーでさっぱりしたいもの。多くのキャンプ場でコインシャワーやコインランドリー、乾燥機を設置しています。長期滞在をするときも少ない着替えですむので便利。敷地内に温泉があるキャンプ場も。

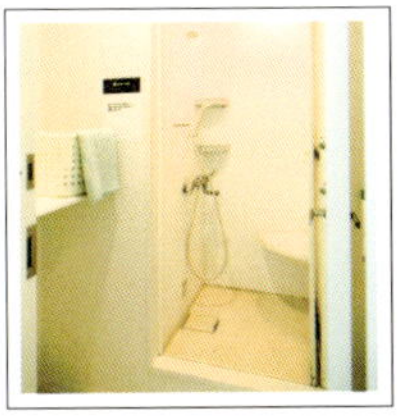

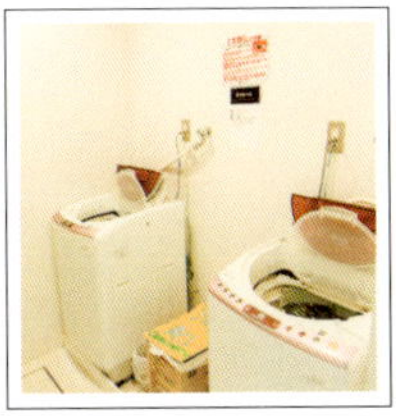

※このページの施設は、すべて「スノーピーク Headquarters」

理想のWORK STYLEがここに

スノーピークの本社を訪ねました！

窓の外に広大なキャンプフィールドが広がる本社オフィス。
ここでは、仕事も遊びもシームレスにつながっているようです。

自然の中で豊かで贅沢な時間を過ごす「オートキャンプ」というスタイルを確立してきたスノーピーク。丘の上に立つ社屋から一歩外に出れば、そこはキャンプフィールド。革新的な製品の秘密は野遊びの中にありました。

OFFICE

世の中を変える発想が生まれるところ

スノーピーク本社は一般公開され、いつでも見学可能。実際に働いている社員がオフィス内を案内してくれます。

仕切りのない広い空間にはデザインもカラーも異なるチェアやソファが並んでいます。社員は毎日好きな席を選ぶフリーアドレス制。「同じ部署の人同士では並ばない」「昨日と同じ場所には座らない」のがルール。「バランスボールに座って仕事をする人もいますよ」と、案内してくれた企画本部の瀧澤英保さん。

窓辺に置かれたテントの中では、数人のスタッフがミーティング中。フロアの中央に、焚火

理想のWORK STYLEがここに

スノーピークの本社を訪ねました!

❶ 本社は一般公開され、予約なしで見学可能。年間約8,000人が訪れる。❷ フロアの中央にローチェアが。❸ 仕切りのない広いオフィス空間。❹❺ フリーアドレスなので座る場所は毎日違う。❻ ラウンジシェルでミーティング。❼ 眺めのいいテラスはランチに最適。

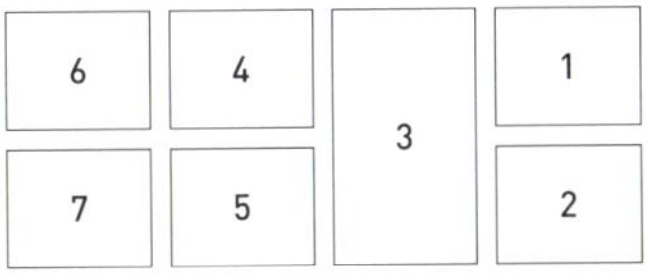

を囲むように置かれたローチェアに座って、膝を突き合わせて会議をすることも。窓の外に目をやると、そこは広大なキャンプフィールド。オフィスとアウトドアがシームレスにつながっているかのようです。

「金曜の夜は終業後、フィールドにテントを張り、週末を過ごすこともあります」と瀧澤さん。

自分たちが本当にほしい製品を作ることが創業以来のスノーピークのポリシー。自社製品を使うこともアウトドアで遊ぶことも仕事のうち。「遊びも仕事も、自分の中で境界はないですね」

ドームテントや焚火台など世の中を驚かせる製品を生み出してきたスノーピーク。発想の秘密はここにありそうです。

FACTORY

良いものを捨てずに長く使ってほしいから

「ファクトリー」は、子どもたちにも人気の見学場所。大型のプレス機や、ロボットアームの溶接機械を使って、「焚火台」が作られています。直火禁止のキャンプ場が増える中、芝生を傷めない焚火台は大ヒット。コンパクトに畳んで収納できるのもスノーピークらしい工夫です。

「アフターサービスルーム」では、全国から届く製品を修理中。「良いものを長く使ってもらいたいから何年経っても修理するのは当たり前」がポリシー。廃番品も可能な限り直してくれます。「思い出の汚れは残して」などの要望も聞いてくれるそう。

STORE

「自分たちが本当にほしいもの」が発想の原点

登山が趣味だった創業者の山井幸雄が、市販の道具に満足できず自ら登山用品を開発したのがスノーピークのルーツ。今も発想の原点は「自分が本当にほしいもの」。直営ストアには、アウトドアからガーデニング用品、アパレル関連商品も。

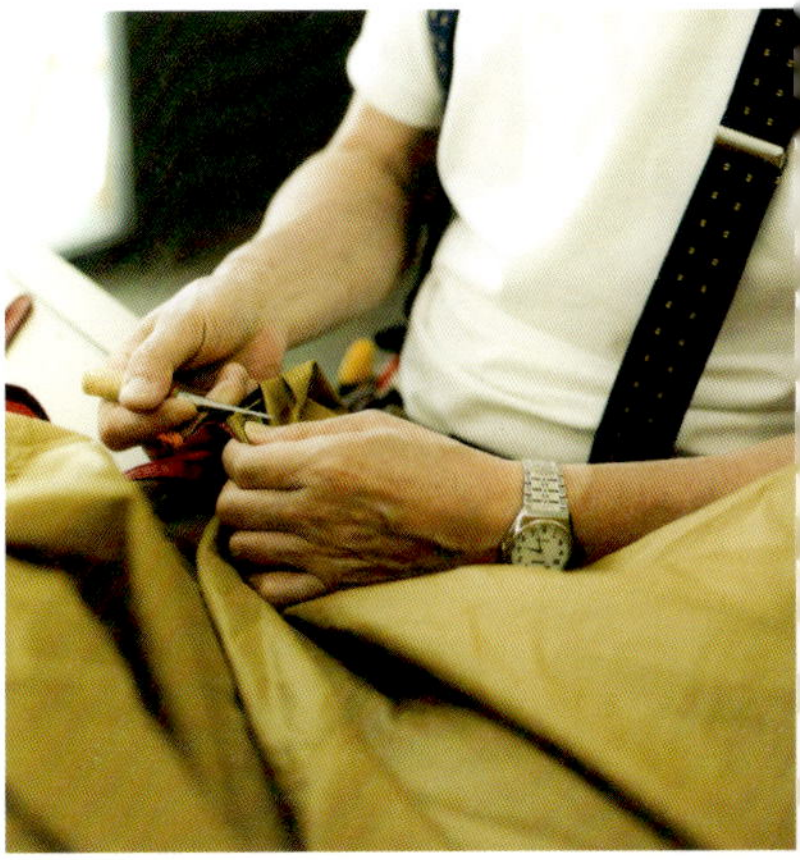

スノーピーク Headquarters

所在地：新潟県三条市中野原456
アクセス：北陸自動車道「三条燕IC」より車で40分
電話：代表Tel.0256-46-5858、ストアTel.0256-41-2500
ストア営業時間：9：00〜19：00（年中無休）
見学：10：00〜、11：00〜、13：00〜、14：00〜、15：00〜の1日5回。所要時間約30〜40分。予約不要。年中無休。ただし特別な事情でお休みの場合があるので、ホームページ等で要確認。

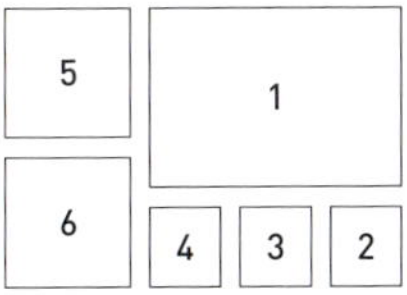

❶ プレス機で型抜きしたステンレス板をロボットアームが溶接。仕上げは人の手で。❷ 組み上がった焚火台をピカピカに磨く。❸ ずらりと並んだ焚火台。1日100~200台を生産。❹ プレス機でステンレス板を抜く。❺ お客様の要望を聞き丁寧に修理。❻ 廃番の製品も部品がある限り修理。

INTERVIEW

株式会社スノーピーク 代表取締役社長

山井 太

TOHRU YAMAI

新潟県三条市生まれ。先代・山井幸雄が創業した登山用品メーカーからスノーピークがスタート。'86年、息子である太が同社に入社し、オートキャンプという新たな領域を切り拓いた。“ほかにないモノ作り”を目指して、自らもユーザー目線に立ち、実直で良質なキャンプ用品製作に邁進している。

自然と身近に触れ合う手立てとなるキャンプは、できるだけ子どものうちから体験してほしい。そんな思いから、本書では、私たちスノーピークが長年アウトドアメーカーとして培ってきたノウハウを駆使して、親子でキャンプを楽しむための様々なアイデアを紹介しました。ここまでご覧になられた方はもうお気づきかと思いますが、キャンプには、豊かな人間性を育むプロセスがたくさん含まれています。もちろん大人になってからキャンプを始めても、いい影響が受けられることに変わりはありません。けれど、何でも柔軟に吸収する子ども時代にこそ、健やかな心身の形成につながるキャンプ体験が、のちの大きな財産になると思うんです。

スノーピークでは、自然の中で過ごす気持ちよさをみなさんと共有したいと、「スノーピークウェイ」というキャンプイベントを年に複数回開催しています。そこには毎回多くのファミリーが参加していますが、たとえばテントの立て方がわからないなどあれば、私たちスタッフが必要に応じてサポートすることもできるので、「キャンプは初めて」という親子も安心して来てくれるんです。そのイベントで僕がいつも感じるのは、テントで一泊すると、みなさんイキイキとした表情で帰っていくということ。最初はちょっと億劫そうにしていた参加者が、いつの間にか野遊びに夢中になっている、なんて光景を数えきれないほど見ています。

一番順応性が高いのは、やはりお子さんです。とくに都市で暮らす子どもは、草むらで虫を捕まえたり、野山を駆け回ってお腹を空かせたりと、普段は起こらないような体験をして、瞳を輝かせます。そして、虫に刺されたくない、すっぴんがイヤだと言っていたお母さんも、我が子がのびのびとしている姿を見て、自然と触れ合う行為は子どもにとっていいものなんだと本能的に感じるんです。さらに、平日は家におらず、休日は寝ているだけといったイメージのお父さんも、テントを立てるなど力仕事で大活躍。それを母親や子どもが手伝うという、家族の協力体制が自ずとできあがる。家族とはいえ、ひとつの物事をみんなで力を合わせて行うことは、日頃あまりないと思います。それが普通に起こり得るのが、キャンプの醍醐味。途中、ケンカをしている家族を見かけることもありますが(笑)、そんなやり取りも含めて、絆を深めるきっかけになるのです。

テントの設置はもとより、キャンプには様々なプロセスが必要となります。食事を作るにも火おこしから始めなければいけないし、火加減も薪をくべる量で調節しなければいけません。ボタンひとつで湯が沸かせるといった便利で快適な生活に慣れている今の子どもたちにとって、プロセスは単に面倒なことのように映る可能性もあります。けれど、プロセスには、人間性を豊かに育む要素が秘められているので、ぜひお子さんと一緒に体験してほしいんです。たとえば、火がうまくおこせなかったら、一体何がいけないんだろうと、よりよい方法を親子で考え再びチャレンジ。また、突然の雨で体がびしょびしょに濡れてしまったら、火おこしの前に、次はタープから先に立てようと話し合ったり。こうして創意工夫を重ねていくうちに、ついにベストな手法に辿りつく。たとえ結果は同じでも、人から教えられたことをそのままやるより、喜びや達成感ははるかに大きいでしょう。そんな感覚をキャンプで身につけた子どもは、日常生活でもクリエイティブな能力を発揮しやすいはずです。

このように試行錯誤を繰り返し、成功体験を積み重ねていく習慣は、人間としてのたくましさを養うことにもつながります。失敗しても、また違う方法で挑戦すればいい。人生には困難がつきものですが、キャンプで培ったタフさこそが、そんな高い壁を乗り越える原動力となるでしょう。ところが、最近では、子どもに失敗をさせたくないと、プロセスを省いてリスクを回避しようとする親も多いように思います。しかし、それはさらなるリスクを招く結果につながるのではないでしょうか。たとえば、川は危ないから近づかないようにと、子どもに教えたりしますよね。今の時代、そういうことがいろんな場面で言われていて、「少しでも危険な目に遭いそうなところには行かない」ということになっているんです。でも、むしろ普段から川に親しんでいれば、「今日はいつもより流れが速いから近づかない」という判断ができるようになります。つまり、自らの考えで危機管理ができる子どもに育つんです。

スノーピークは、文明の進化によって人間がストレスを抱えやすくなっている現代社会において、自然との触れ合いをとおした人間性の回復を目指し、ライフスタイルの提案を行ってきました。人間は、もともと大自然の中で暮らしてきた生き物です。時には自然に抱かれ、日頃の〝ひずみ〟をリセットすることも必要なのではないでしょうか。それでもやっぱりキャンプに二の足を踏んでしまうというビギナーは、まずは近隣の大きな公園で、子どもを遊ばせてみるのもいいでしょう。子どもの表情がキラキラと輝くのを感じ、より豊かな自然の中に連れ出したいと、背中を押されるかもしれません。私たちはフィールドで、いつでもみなさんを待っています。

snow peak

キャンプで子育て

GUIDE for FAMILY CAMP

2016年9月15日　第1刷発行

監修　スノーピーク

アートディレクション　川村哲司（atmosphere ltd.）
デザイン　古屋悦子、磯野正法（atmosphere ltd.）
写真　五十嵐一晴
表紙，P.8, 28, 36-73, 76, 82-93, 126, 146, 164-169
森山祐子 P.22-27, 130-145
土佐麻理子 P.43, 51, 59, 75
仲尾知泰 P.67, 94-101
上原朋也 P.102, 108-124
今津聡子 P.170-175
スタイリング　田中美和子 P.36-73, 82-93
樽山リナ P.108-124
ヘアメイク　草場妙子 P.108-124
大西あけみ P.146
レシピ作成＆料理制作　坂田阿希子 P.82-93
イラスト　小池ふみ P.9-22
酒井マオリ P.32-33, 80-81, 106-107, 150-153
松尾ミユキ
P.28-31, 76-79, 102-105, 126-129, 146-149
かみやかやこ 表紙，P.34-75
読者モデル　朝倉雄平さん、朋子さん、千尋ちゃん（4歳）
石綿利光さん、真帆さん、
桜太郎くん（5歳）、夏芽くん（2歳）
坂本光くん、旬くん（ともに4歳）
取材　間宮寧子、石井栄子、石毛幸子、
新田草子、保手濱奈美、
牧田ちえみ、ミトミアキオ
協力　電通　未来創造グループ
撮影協力　リー・ジャパン、アワビーズ
プロップスナウ

発行者　石﨑　孟
発行所　株式会社マガジンハウス
〒104-8003
東京都中央区銀座3-13-10
ハナコママ編集部　Tel.03-3545-7044
受注センター　Tel.049-275-1811
印刷・製本　大日本印刷株式会社

ISBN978-4-8387-2879-4 C0095

Hanakoママ

http://hanakomama.jp/

マガジンハウスのホームページ
http://magazineworld.jp/